Bodo Hell

Nothelfer

Literaturverlag Droschl

Maria Hromatka (1902-1998)
zum Gedenken

Und schenket das Liebste
Den Unfruchtbaren
Denn nimmer, von nun an
Taugt zum Gebrauche das Heilge.

Hölderlin: Hesperische Gesänge II (Die Nymphe) 1804

NothelferInnen

Einleitung

zuhauf vorhanden und bewährt allemal, doch wie die Zugänge zu ihnen eröffnen, keine Frage, auch wenn es tautologisch erscheinen mag: für den Umgang mit dem Thema Nothelfer und ihren vermuteten seelischen Valenzen/Äquivalenten (für deren Stützung/Therapie sie als Hilfsgeister gedacht sein könnten) wäre wiederum ein spezieller eigener Fürsprecher vonnöten, also ein **NothelferNothelfer**, dermaßen dicht mit Notlagen und ihrer ersehnten Wendung zum Besseren, mit solch verwirrender Anzahl von Patronagen/Patronanzen und Heilungsversprechen scheint die allgemeine BedürfnisLandschaft besetzt zu sein, paradoxe Erhörungsgewißheit der im Einzelfall mutigen RuferInnen sowie magischer Geisterzwang des/der dringend Berufenen mit inbegriffen

2 historische Beispiele von angewandter Seelenökonomie in Notlagen: (1) aus *Favianis*/Mautern an der Donau in provinzialrömischer Zeit (vor der Ankunft Severins) ist ein Fall von Anrufung der Totengeister (Manen) bekannt geworden, wobei diese einer *Silvia* genannten Beschwörerin hätten helfen sollen, durch Anwendung eines nicht nur verbalen **Liebeszaubers** ihren treulosen Gatten zu ihr zurückzuzwingen, wozu der schreibkundige Magier auf dem Bleiplättchen

(als Gefäßverschluß; drinnen Brandopferreste) den Namen des Ehemannes wie in Vorauserfüllung *verkehrt herum* geschrieben hat, so als ob dieser Aurelius mithilfe Plutos und Eracuras bereits zu ihr umgekehrt wäre, eine umstrittene Interpretation, denn auch abwegigere Wunschprojektionen ließen sich denken, eingeritzt steht: *Pluto, oder wenn man ihn Juppiter der Unterwelt nennen muß, Eracura, Juno der Unterwelt, zieht schon recht rasch den unten Aufgeschriebenen herbei und übergebt den Totengeistern den* (Name auf dem Kopf stehend:) *Aurelius Sinnianus Ceserianus*, und auf der Rückseite ist zu lesen: *So, o Silvia, siehst du den Gatten umgekehrt, wie der Name desselben geschrieben worden ist*, das Deponieren dieses Votivgefäßes samt Bleiplattenverschluß im ›Heiligtum der Unterweltgötter‹ hatte wohl heimlich zu geschehen, von Erfolg oder Mißerfolg der damaligen Manipulation ist nichts bekannt, (2) in einem neuzeitlichen handgeschriebenen Beschwörungsbuch (einer Art Gertrudenbüchlein mit angeblich kirchlicher Approbation) wird eine sehr profan gedachte **hl. Corona** (ihrerseits als 16-Jährige von zwei hochschnellenden Palmen, an die sie gebunden war, auseinandergerissen, in Österreich: Heilige der Lotterie) *in herzzwingender Ermahnung oder Citation* (wobei zur Verstärkung AntonymReihen aufgebaut werden) darum gebeten, daß sie den hl. Geist dazu veranlassen möge, dem Anwender dringend **benötigtes Geld** zu verschaffen, *du wolltest uns zu Hülf kommen mit einer benannten Summa Geld von 9000 Stück feine und wohlgeschlagene Dukaten hiesigen Lands gelbli-*

ger Münz ... nehme an einen wohlgestalten Leib, erscheine in diesem gegenwärtigen Zimmer und bringe, was wir verlangen, dann ich beschwöre dich durch Tag und Nacht, durch Hitz und Kält, durch Sommer und Winter, durch Regen und Sonnenschein, durch Berg und Thal, durch Laub und Graß, durch Stein und Letten, durch alle Wurtzeln und Kräuter, durch alle Geschöpf ... also seyst du gezwungen, gebunden und überwunden, anhero zu kommen ..., eine weitere Anrufung des **hl. Leonhard** um die Summe von 6666 Dukaten ist niedergeschrieben (auch einen Schatzhüter könnte er schicken), samt Abdankung des Geistes, für den Fall, daß dieser bereits erschienen ist (mit dem Geforderten oder ohne dieses), auch hier ist vom Erfolg solcher Zitationen nichts überliefert, doch die Antwort eines glaubensstarken Bischofs und Seelenführers auf die Frage nach der Gültigkeit solcher Vorgangsweise könnte lauten, *daß nur jemand, der keinen Gott mehr hat, jede Menge Helfer benötige und zu Hilfe rufen müsse,* so als gelte auch hier die Volksweisheit: anstatt zum Schmiedl gehe man besser gleich zum Schmied

doch die Tradition spricht eine andere Sprache: stand ja schon in der Ostkirche für die Aufgaben als HeilsVermittler das bemerkenswerte Kollektiv der *Anargyroi* (also der unentgeltlich und charismatisch heilenden Ärzte) zur Verfügung, wobei da 6 männliche Paarungen benannt sind (Pantaleon mit dem Nagel ist auch mit dabei), und von dort soll die Gruppe (nach einer nicht von allen Fachleuten geteilten Auffassung) weiter nach Süditalien und auch nach Nordwesten gewandert sein, jedenfalls hatte im Laufe der vorreformatorischen Jahrhunderte im zentraleuropäischen Raum jeder einzelne Heilige bereits spezielle Kirchen, Orationen und Antiphonen zugesprochen bekommen, ab dem 15. Jh. trat dann, vom Regensburger Raum ausgehend, überraschend (wenn auch vorbereitet) die Gruppierung der *quattuordecim auxiliatores* als festumrissener brüderlich-schwesterlicher Konvent von MärtyrerInnen (Blutzeugen) auf, **denen vorm Antritt ihres Martyriums versichert worden sein soll, daß jeder, der fortan in ihrem Namen um etwas bittet, erhört werde**, und darauf konnte man sich in der Folge berufen/verlassen, solche Blutzeugen sind eben alle 13 Nothelfer bis auf Aegidius, der dieses BlutGuthaben im Himmel nicht aufzuweisen hatte, den man aber als (auch in Frankreich) äußerst beliebt nicht übersehen hatte können und ihn also der fürsprecherischen Schar zur Komplettierung der 2x7-Zahl zugesellte, abgesehen davon, daß auch Ägidius mit seiner Hirschkuh nicht in allen Konstellationen aufscheint

bestimmte einzelne Heilige galten seit jeher als Beistände in Todesangst, in der realen **Todesstunde**, denn eine ihrer vornehmsten und wesentlichsten Aufgaben war die glaubensfeste Hinübergeleitung (Todestag als Geburtstag ins Ewige Leben hinein), dazu gab es etwa als Beistand den hl. **Achaz** (Agatus) als Anführer der 10-Tausend Märtyrer, der im 2. Jh. unter Kaiser Trajan auf dem Ararat dornengekrönt und gekreuzigt worden sein soll (deshalb auch mit diesen Attributen dargestellt), in den Zuständigkeitsbereichen kam es bisweilen zu legendenhaften Vermischungen und auch zu Namensverwechslungen, eine neuere Mystifikation hat sich etwa der Dichter H.C. Artmann (1921-2000) erlaubt, indem er seinen Geburtsort in ein nicht auffindbares St. Achaz am Walde in NÖ verlegt hat, während Paula Grogger in ihrer mehr als medizinhistorischen Liebesgeschichte *Der Lobenstock* (1935) den römischen Soldaten Achatius als katholischen Stadtpatron von Schladming zu würdigen gewußt hat (der soll nämlich das ›Lobenstock‹ genannte Heilkraut als Garant für langes und gesundes Leben aus dem Orient ins Ennstal mitgebracht haben), echte Verballhornungen von Heiligennamen stellen rezente Ortsnamen wie etwa St. Pölten (von Hippolyth) und Ischgl, Igls oder St. Gilgen, auch Ilgen am Hochschwab (nach dem sanften und unblutigen **Ägidius**) dar, wobei in die Kuppel der St. Gilgener Pfarrkirche eine blasse Apotheose dieses benediktinisch gewandeten St-Gilles (Till) gemalt ist, während an einer Zuflußbrücke (über den Mühlbach) zum Abersee ein moderner klotziger (heller) Ägid (schönen Herbst beschied) mit breitkrempigem Tirolerhut seine Hand auf die ebenso klotzige, wenn auch anschmiegsame Hindin legt, beide grau in grau, als sehnten sie sich weg von diesem klassischen Touristenort hinüber auf die Sonnseite der Schafbergabhänge, wo der abgetauchte Regensburger Bischof **Wolfgang** gut 200 Jahre später aus seiner *krypteia* heraus das attributive Kliabhackl kilometerweit nach Westen an jene Stelle des schmalen Küstenstrichs geschleudert haben soll, von wo jetzt das Weiße Rößl mit seinem Privatbad im Seebad herüberleuchtet und wo die Abendsonne durch den Spalt der halboffenen Tür der Pfarrkirche exakt auf die GuggenbichlerKanzel mit dem abstehenden KruzifixusArm fällt, in so grellem Bühnenlicht, daß es hinter jedem Eintritt eines neuen Kirchenbesuchers wieder blendend aufgleißt und die Türöffnung sprengt, während der Organist (etwa Peter Hödlmoser) von der Empore herab in diese Licht Emanation mit präzis gesetzten organo-pleno-Tönen präludierend einfällt

für die Aufnahme in die NothelferGruppe scheint es nicht unwesentlich gewesen zu sein, ob **Reliquien** des jeweiligen Heiligen vorhanden waren oder nicht, schließlich konnte man die Verehrung und Beschwörung der Helfer im Angesicht oder gar im Körperkontakt mit den Knochen (wie er in Köln durch die Gitteröffnungen der Reliquienbüsten hindurch möglich war) als umso wirksamer empfinden, dazu kam das Verfertigen von speziellen Litaneien (… *hl. Christophorus, du Schutzpatron der Reisenden und Verkehrsteilnehmer, bitte für uns … hl. Barbara, du tröstende Helferin der Sterbenden, bitte für uns … hl. Katharina, du weiser Beistand der Wissenschaftler, bitte für uns …*), auch das Verfassen von Liedern und gereimten Merksprüchen (*dich hat Hitze rings umloht/hilf, St. Veit, in Feuersnot*) hat das seine zur Verbreitung und Namensfestigung der einzelnen Nothelfer beigetragen durch die mächtig anschwellende Bewegung der **Wallfahrten** im späten MA erhielten die ländlichen Pilgerkapellen als Nebenkirchen größeren Zulauf als die Hauptkirchen, so daß solche zu Wallfahrtsorten gewandelten ehemaligen Ruralkapellen bisweilen gar die Anziehungskraft von Kathedralen erreichten, die Schatzkammern von Altötting oder Maria Zell erwiesen sich als Pilger-Magneten und Anlaufstellen für Votivgaben und Kirchenopfer (Oblationen), Legate und Stiftungen gesellten sich hinzu, im Zeitalter der Schäferpoesie verstärkte das Beispiel von Frankenthal-Vierzehnheiligen mit seinem erscheinungswürdigen Schafhirten (als genuinem Repräsentanten der *peregrinatio*) die religiösen Wanderbewegungen aus weit entfernten Herkunftsorten samt ihren fremdenverkehrsspezifischen Begleiterscheinungen (Saint-Gilles in Südfrankreich etwa wurde auf dem Weg nach Santiago mitgenommen), in den Städten florierte zeitgleich die Annen-, Kümmernis- und Blut-ChristiVerehrung, Berufsgruppen richteten spezielle Schutzherrenaltäre ein (etwa die Kaufleute für St. Nikolaus), freie Wallfahrervereinigungen stützten sich auf die Konfraternität von Bruderschaften, Sennen- und Schützenverbände erwiesen sich als besonders langlebig, Ablaßverleihungen von höchster Stelle verstärkten die Legitimität der Orte und die Besucherfrequenz, die Sakrallandschaft als Mirakelgeographie (wie zuvor schon der Heiligenkalender mit seiner unabschließbaren Verehrungsfülle) verdichtete sich mehr und mehr, die *Legenda aurea* als beliebteste HeiligenvitenSammlung des Mittelalters präsentierte in gebotener Ausführlichkeit quasi die **Mythologie des Christentums** (zum Nachempfinden) und überflügelte damit sogar das Buch der Bücher und dessen emanzipatorische Inhalte zur sozialen und spirituellen Praxis, auch wurden eigene Passionalien (detailreiche Leidensgeschichten) erstellt, zugleich weisen die Zahlenspekulationen wie die Zahlensymbolik und die emblematischen Darstellungsformen von Bildlichkeit und Subtext bereits zu den Präferenzen der Renaissance und den Kompendien des Barock hinüber

auf dem Weg vom Einzelheiligen zur Gruppe findet sich die **Zweizahl** bereits in den Heiligendopplungen der Römer (Fabian und Sebastian), der Mailänder (Gervasius und Protasius), der arabischen Ärzte (Kosmas und Damian), der Perser (Sennen und Abdon) in orientalischer Tracht, der altslawischen Philologen (Cyrill und Method), speziell die **hl. 3 Madl** Barbara, Katharina, Margareta (als Schützerinnen des Nähr-, Lehr- und Wehrstands, auch als Bergwerksheilige) bildeten ein Pendant zur **hl. Dreifaltigkeit** und wurden in eigenen Konfraternitäten als besonders wirksame Nothelferinnen verehrt, ihre Initialen sind mit denen der hl. 3 Könige deckungsgleich, Kölns Aufstieg zur bedeutendsten deutschen Stadt des römischen Reichs hängt bekanntlich mit der Translation der Dreikönigsreliquien durch Barbarossas Kanzler Rainald von Dassel aus Mailand im späten 12. Jh. zusammen

für die gekrönten Häupter traten bisweilen bevorzugte Heilige in Erscheinung: in Frankreich **Martin** von

Tour und Saint-**Denis** samt dem Königsbanner der *Oriflamme* (Goldwimpel), dann trug gar die androgyne Jungfrau **Jeanne d'Arc** die Trikolore, oder die Könige selbst reihten sich unter die Schar der Heiligen ein, wie Englands **Oswald** (als Ersatznothelfer fürs Vieh und als Wetterpatron, Gedenken am selben Tag wie Maria Schnee, 5.8., auf dem Reichsapfel des frommen Angelsachsenkönigs sitzt ein Rabe, nach seiner Tötung durch nichtchristliche Konkurrenten 642 verbreiteten die iroschottischen Mönche die Oswald-Verehrung auch auf dem Kontinent), weiters **Edmund**, **Eduard**, **St. George**, während auf der iberischen Halbinsel Jahrhunderte später im *siglo de oro* die Heilbringer **Teresa**, **Ignatius** und **Franz Xaver** einherschritten, der Bamberger **Heinrich**s- und **Kunigunde**nkult widmete sich dem heiliggesprochenen Kaiserpaar der ersten Jahrtausendwende (die Legende spricht von der Josefsehe dieses Sohns Heinrichs des Zänkers mit der luxemburgischen Grafentochter und von der 12-PflugscharenGlutprobe Kunigundens nach Ehebruchsverleumdung)

als spezielle Helfer können auch Lieblingsgestalten der näheren und weiteren Vergangenheit (speziell bei Namens- oder gar Datumsgleichheit) in Erscheinung treten, biographieadäquate Substitutionsfiguren innerhalb wie fernab der offiziellen Nothelfertradition (etwa der hl. **Antonius** Abbas für Rückzugswillige und für Versuchungsanfällige, bevorzugt von Kunstmalern angesichts ihrer aufreizenden Modelle), Hilfsgeister in und außerhalb der Reihe kanonisierter Heiliger (ein **Johann Sebastian** ist wohl nicht erst seit seiner Wiederentdeckung Mitte des 19. Jhs. darunter), aber auch postantike nahezu unbekannte ›Märtyrerinnen‹ wie etwa die Inklusin **Wiborada** als erste heiliggesprochene Frau aus dem Ungarnsturm des 10. Jhs. könnten firmieren, zumal sie von so manchem Bibliothekar in letzter Not angerufen wird und etwa als kleine Keramikfigur mit Buch und langstieliger Hacke (Hellebarde) leicht beschädigt im Studienraum der Admonter Stiftsbibliothek steht, wobei der kompetente dortige Bibliothekar (Johann Tomaschek) nicht müde wird, mittels einer Eselsbrücke dem Besucher den ungewöhnlichen Namen seiner bevorzugten Klausnerin aus dem St. Galler Wirkungskreis vor deren Standfigur einzuschärfen: **Wi**e heißt die aufrechte Dame, die Patronin der Bibliotheken und Bibliothekare, würde man sich zuerst fragen, und anstatt an den Ungarnsturm kann man auch an den jährlich wiederkehrenden Balkansturm denken, nämlich an die **Bora,** und wo kann man die Dame dargestellt sehen, einfache Antwort: **da**, also Wi-bora-da, oder es begegnet einem Max Ernsts hl. **Cäcilia** (caeca: die Blinde), wie sie in Augenziegeln eingemauert anstatt das Orgel- das Autopedal drückt, wobei sie ja durch die vielen Ziegelaugen facettenhaft doch mit der Außenwelt Sichtkontakt aufnehmen kann/könnte, oder man liest in der Kleistschen Novelle nach, wie es Cäcilia/Zilli/Silke mit ihrer machtvollen Musik fertiggebracht hat, die 4 religionsrabiaten Brüder vom Bildersturm (den sie vorgehabt hatten) bis in den Wahnsinn hinein abzulenken, so daß sie schlagartig zahmgeworden bis

ans Lebensende zu viert immer wieder gemeinsam das
Gloria in excelsis herausdonnern mußten

die Vierheit erscheint auch in der Vierzahl der **Quattuor Coronati** (den vier gekrönten hl. Steinmetzen: Claudius, Neostratus, Simphorianus nebst Simplicius, Castor), diese haben in den mörderischen Steinbrüchen Pannoniens als ›hl. Handwerker‹ gearbeitet und bevölkern die römische Klosterkirche SS. Quattro Coronati, wo auch das gemalte Fries der Silvesterlegende zur ›Konstantinischen Schenkung‹ aus der Stauferzeit oben umlaufend zu sehen ist und unverhohlen für die päpstliche Seite Propaganda macht, die 4 Steinmetzen erscheinen als Kleinfiguren aus Kalksandstein farbig gefaßt samt Werkzeug auch am Grab des Kölner Dombaumeisters Nikolaus von Bueren 1445 (Museum KOLUMBA), die Vierheit zeigt sich weiters in den **4 hl. Marschällen** der Kölner Kirchenprovinz (den ›rheinischen‹ Nothelfern **Antonius** Eremita, Papst **Cornelius**, Bischof **Hubert**, Tribun **Quirinus**, mit den Kultstätten: St. Quirin in Neuss samt Wallfahrt am 30. April und dem Nachtlager auf den Kirchenemporen, St. Hubert in den Ardennen, Cornelimünster in der Eifel, Antonikloster in Wesel), wogegen man im Bistum Münster **5 Marschälle** versammelt hat: **Paulus** (*plantavit*), **Ludgerus** (*propagavit*), die beiden **Sancti Ewaldi** (der weiße und der schwarze, *rigarunt*), und **Carolus Magnus** (*fundavit*)

für die Wirksamkeit der Zahlensymbolik lassen sich ausreichend Belege finden: so versammelt man sich alljährlich am **3**-Nagelfreitag (dem dritten nach dem Karfreitag) in Mittelkärnten um Mitternacht auf dem Magdalensberg zum mindestens 15-stündigen **4**-Bergelauf, so zählt man **5** törichte und 5 kluge Jungfrauen, 5 Wunden Christi, 5 Nägel an der Osterkerze, 5 Gebote der Kirche, 5 Kreuze bei der Altarkonsekration, traditionell sind dann: **6** Schöpfungstage, Weltalter, Flügel der Seraphim, Werke der Barmherzigkeit, **7** Sakramente, Wochentage, Arme des Leuchters, Gaben des hl. Geistes, Staffeln des Gebets, Freuden und Schmerzen Mariae, Zufluchten, Fußfälle, freie Künste, Tugenden, Laster und Seligpreisungen, die Wirkung der **Siebenschläferlegende** lebt selbst im evangelischen Raum (Ende Juni als 7-wöchige Wettervorhersage und Lostag) fort, es gibt den SiebenhändeEid, das *Fähnlein der 7 Aufrechten* und schließlich 2x7 Nothelfer, 14 Städte Josues, 14 Linien auf dem Wasser

diese 14 Nothelfer aber sind kein Erzeugnis der offiziellen Liturgie, wenn auch vom Einzelheiligen her der Zug zur Korporation spürbar wird, das fürbitteheischende Volk ist aus eigenem Antrieb zu den NothelferKapellen gezogen, um dort Weihegaben zu deponieren und Gelübde auszusprechen oder wie es hieß: *sich dorthin zu versprechen*, in diözesanen Proprien äußern sich solche Heiligenkorporationen zuerst in Bamberg 1490, Mainz 1493, Utrecht 1514, auch sind Privatlitaneien belegt, Tiroler Hagiographen und KunstwissenschaftlerInnen weisen gern darauf hin, daß in **Terlan** im Südtiroler Burggrafenamt mit den Chorfresken des Urbanmei-

sters in der Pfarrkirche Mariä Himmelfahrt (Einzel-
und Doppelfiguren in architektonischer Umrahmung
als hervorragende Arbeit der Bozner Schule) die älte-
ste Nothelferdarstellung des Alpenraums zu finden ist
(interessanterweise sind **2 Magnusse** abgebildet) und
daß dieser Beleg mit dem Datum 1390 weit vor den
oberfränkischen Beispielen liegt (als noch älter werden
die Nothelfer-Fresken an der Westwand der Almkirche
St. Vigil am Joch hoch über Lana eingeschätzt), das
bislang am weitesten zurückreichende Bildzeugnis
zeigt in einem Fenster des Regensburger Doms aus
dem Jahr 1300 **Maria von 17 Heiligen umringt**, am
Ausgang des Mittelalters treten die *legitimi adjutores*
auch in produktive Konkurrenz zu den angestammten
Helferfiguren der volkstümlichen **hl. Sippe**, wie sie
um die hl. Mutter Anna mit ihren 3 Männern und
3 Marientöchtern versammelt ist, der Jesus-Cousin
Judas Thaddäus (aus Maria Kleophas) etwa gilt als
allerletzter **Nothelfer in bereits völlig aussichts-
losen Lagen** (alleinstehend mit seiner Keule gleich
beim Kircheneingang oder gemeinsam mit dem zer-
sägten Simon Zelotes dargestellt), doch es gab auch
Inkorporationen und Zusammenwirken: so sieht man
in der schönen alten Pfarrkirche in Bozen-Gries außer
einem unvollständigen Michael-Pacher-Schrein ein
vollständiges Nothelfergemälde (Stephan Keßler 1674)
und freut sich, daß die 14 gut erkennbaren Damen und
Herren um eine mittige **Anna-Selbdritt** gruppiert
sind (allein die strahlende Großmutter Anna sowie der
zentrale Achazius mit dem Dornenstock schauen dabei
den Bildbetrachter aus dem figurenreichen Gemälde

heraus direkt an), heilige Verwandtschaften und Synergien also, wohin das Auge blickt

je mehr man sich damit befaßt, desto dichter wird die vollständige (oder auch unvollständige) Nothelferbesetzung ganzer Landstriche, in Ortsnamen, Feldkapellen und Wallfahrtskirchen, auf Schweizer Seite seien nur Disentis, Engelberg, das auch emblematisch exzeptionelle Hergiswald bei Kriens mit seiner bemalten Decke und der eingebauten *casa santa* erwähnt, weiters Rorschach (SG), Silenen (Uri), Stans in Nidwalden und das appenzellische Kloster Wonnenstein, doch was die **Nothelferdichte** anbelangt, scheint dem heiligen Land Tirol die Krone zu gebühren: in der Schloßkirche von Freundsberg mit der gefährdeten Knappenschaft der Bergbaustadt Schwaz pflegte man etwa den Nothelferbittgang in großen Anliegen gar 14mal zu wiederholen, zusätzlich sind am Gnadenaltar die Pestpatrone Jakob d.Ä., Sebastian und Rochus dargestellt, Cyriak (der am häufigsten Ausgewechselte) ist auch hier durch **Leonhard** ersetzt (6.11., um 500 Abt in Frankreich, Kette mit Halsring oder Schloß, Vieh, Gefangene, Segenssprüche), schließlich würde man nicht nur in Thaur, Hall, Bad Mehrn, Innsbruck und auf der erzbischöflich-salzburgischen Seite des Zillertals fündig, an Cyriaks Stelle können außerdem treten: der Eisheilige **Pankratius**, der Mönch **Magnus** (6.9., St. Gallen, Klostergründer um 750, Apostel des Allgäus, Schlangen- und Drachentöter, Viehpatron, Helfer gegen Ungeziefer und Mäuse, auch Mang und Mangold genannt) sowie **Laurentius** mit dem Rost, es stehen aber noch weitere Austausch- und Ersatzfiguren zur Verfügung: **Dorothea** (mit Körbchen voll Rosen und Früchten, am 6.2., *Dorothee bringt meistens Schnee*), **Sebastian** (am 20.1. als röm. Offizier, um 300 nackt an einen Pfahl gebunden und von Pfeilen durchbohrt, im Mittelalter Pestpatron, Lostag), **Valentin**, **Wolfgang**, **Wendelin** (mit Schaufelstab/ Stielschippe zum distanzierten Schafsalzen), **Florian** der Feuerwehrmann, **Cosmas** und **Damian** als Ärzte, **Nikolaus** (am 6.12., Bischof von Myra, mit Mithra, Stab und einem Buch, auf dem 3 goldene Äpfel oder Kugeln liegen) sowie **Rochus** als spezieller Pestpatron, nach örtlichen Patrozinien kommen als weitere Nothelfer hinzu: Papst **Sixtus**, Apostel **Bartholomäus**, Mönchsvater **Antonius Abbas**, die Könige **Sigismund** und **Oswald**, **Quirinus** von Neuss, **Agnes** mit dem Lamm, **Apollonia** für die Zähne und **Elisabeth** von Thüringen für die Armenpflege, jetzt könnte man sich veranlaßt fühlen auszurufen: bitte wählen Sie aus!

einen eigenen Kalendertag haben die Nothelfer nie bekommen, allerdings zieht der nothelferische Pfarrheilige meist die ganze Schar seiner MithelferInnen an seinem Patroziniumstag herbei, so in Attersee am Attersee, in Unkel am Rhein, in Gschwand bei Gmunden, während in der Filialkirche Oberhaus im steirischen Ennstal (die eher für ihren gewundenen Drachenkanzelfuß bekannt ist) ein spätes Bild mit thronender Gottesmutter als **Königin der versammelten Nothelfer** hängt, wobei Hubertus dann

am Altar unten als Statue noch ein zweitesmal aufscheint, stellenweise hat sich die Schar der Patrone
(alles andere denn ein in sich geschlossenes Fähnlein)
bis zu 49 (7x7) Heilbringern ausgeweitet, übrigens: wo
die gängigen Attribute (Beizeichen) nicht zu erkennen
sind, ist eine Namensnennung auf Schildchen unter
den Figuren oder in deren Heiligenschein hineinge-
schrieben hilfreich, eine 20-seitige jeweils dreispaltige
Liste der grenzüberschreitenden NothelferMöglich-
keiten gibt Rosel Termolen in der 2. Auflage ihres
Nothelfer-Klassikers (*Patrone in allen Lebenslagen*)
von 2006, als nothelferische Anlaufstellen seien in der
Folge 4 Gnadenorte näher beleuchtet

(1) ca. 15 km südlich von Salzburg liegt am rechten
Salzachufer das Straßendorf **Puch** bei Hallein mit der
spätgotisch-barocken Pfarrkirche *Zu Unserer lieben
Frau*, in Griebens Reiseführer von 1927 knapp *mit
großem Marmorreichtum* und *sehensw. Seitenaltären*
charakterisiert, Vorsicht bei der Annäherung an diese
barocken Altäre eines heimischen Zimmermeisters
(wobei die Figuren des ehemaligen spätgotischen
Hochaltars auf die neuen Altäre verteilt wurden), z.B.
an jenen im nördlichen Seitenschiff, es könnte sofort
die Alarmanlage losgehen und die Besucherin hätte
dann keine Muße mehr dazu, die barockengelum-
schwebten gotischen Großfiguren der hl. 3 Madl oben
(Katharina ohne Wurm) und darunter an der Predella
die dichtgedrängten HochreliefHalbfiguren der 14
NothelferInnen zu betrachten oder gar im einzelnen
zu studieren, leider: Georg Stadlers Standardwerk

Kunst um Salzburg (von 1986) wird bei der Identifizierung der lieben Köpfe wenig weiterhelfen, vielmehr irreführen, da es die Attribute nicht vor Ort identifiziert, sondern einem Regelwerk entnommen zu haben scheint, statt des Georgs mit Drachen ist nämlich der schwarze Leonhard mit Kette zu sehen und die beschriebenen sonstigen Epitheta bleiben unauffindbar, aber die Kopfbedeckungen aller 14 Frontalfiguren (jene 6 in der zweiten Reihe schauen wie für ein Foto zwischen den Vordermännern hindurch) wären eine eigene Studie wert, Saint-Denis diesmal mit zwei Mithren, der hinten mittig schwebende Achatiuskopf? mit geschwungenem Topfhelm wie überzählig, der rotblaubekappte Vitus fingerprüfend rechts außen an die Kante gedrängt, oder ist es umgekehrt (Achaz und Veit vertauscht), die hl. 3 Madl von oben sind also jetzt unten nocheinmal und anders (aber mit ebenso bäurischen Gesichtern geschnitzt) zu sehen, alles in allem ein heilversprechendes Gedränge sehr ernsthafter Physiognomien und bisweilen goldglänzender Gewänder, Abtkappen und Kronen (von der weiteren Kirchenausstattung mit Anna Selbdritt, hl. Sippe und dem praktikablen Palmesel im Eingang einmal ganz abgesehen), im Zusammenhang mit dem zweiköpfigen Abt Dionysius sei noch auf einen weiteren Märtyrer der Frühzeit hingewiesen, den von Vandalen enthaupteten Alban von Mainz, der sein abgeschlagenes bleiches Haupt (selbstverständlich ohne Mithra) in der gotischen Landkirche **St. Alban** im Oichtental unweit von Michaelbeuern im Salzburger Flachgau präsentiert (Schlüssel im Nachbarhaus), am Altar darunter die Tafel *Sanct Alban hat geholfen*, wohl gegen Epilepsie oder Kopfweh (dazu ehemals TonkopfUrnen zu Bitte und Dank mit Getreide gefüllt), Albans Kopf ist lorbeerumkränzt, die Figur dieses ins Rheinland versetzten Italieners scheint also verwechslungssicher

(2) nahe der jetzigen vielbefahrenen Verkehrsbrücke im Süden der Stadt **Wels** (hinüber zu den Vororten Aigen und Thalheim) steht am anderen TraunUfer eine wiedererrichtete renovierte Nothelferkapelle, die auf einen Bau von 1679 zurückgeht (Pfarrspenden von St. Ägid) und einst an einer von Fuhrwerkern und Traunflößern gefürchteten Straßen- und FlußStelle lag, mit einem barocken 14-Nothelferbild sowie, als bemerkenswertem Appendix, einem damals angeschlossenen Zufluchtsort für Schutzsuchende (den Schlüssel zu diesem **Kapellenasyl** hatte der jeweilige Thalheimer Pfarrherr in Verwahrung), auch wurde das Wasser einer guten Quelle vom ›Goldenen Brunnen‹ am Reinberg für Pilger und Asylanten in Föhrenröhren durch diese Bitt- und Betstation hereingeleitet, die Quelle ist durch eine Stollengrabung im 2. Weltkrieg versackt, das Ausflußbecken aber noch zu sehen, die Bergstraße wurde entschärft und zugleich eine Traunbrücke errichtet, die Helmdachkapelle ist heute in die städtischen Anlagen einbezogen, Thalheim bei Wels kann außerdem als ein Zentrum der Annenverehrung gelten, mit Annahand, Anna-Kapelle, Mayrhauser-Kapelle, darin das Bild der strengen Mutter, deren Tochter Maria locker links umblätternd das Lesen wohl schon gelernt hat und sich an der Lektüre zu freuen scheint

22

(3) in der barocken sogenannten **Schubertkirche** in Wien IX Lichtental sind die Nothelfer auf dem Altarblatt unter der wolkenschwebenden Dreifaltigkeit in nach oben offener Hufeisenform gruppiert und drapiert, sie werden vom übergroßen Bischof Blasius (mit 1 brennenden Kerze) selbstbewußt angeführt, Christophorus dagegen duckt sich unscheinbar und trägt nicht den Jesusknaben, sondern müht sich mit einer blauen Erdkugel auf der Schulter ab, wo doch sonst das Jesuskind den Reichsapfel leicht wie einen Spielzeugball hält, einmal sogar auf der Fingerspitze balancierend, die hl. 3 Madl wurden ätherisch in den rechten Bildhintergrund gedrängt, Pantaleon hat zwar die Hände verschränkt, nicht aber am Kopf angenagelt, Dionysius trägt wie üblich sein eigenes Bischofshaupt in Händen vor sich her, der nachgewachsene lebensfrohe 2. Kopf aber erscheint mithralos, während vorne mit seinem verqueren Kreuzeshirsch Eustachius/Hubertus? auffällig hellweiß dem Beschauer entgegenleuchtet

(4) der pavillonartige Gnadenaltar der Basilika **Vierzehnheiligen** mit drei Tischen und einem Abgang zur Wunderstelle im oberfränkischen Maintal knapp 30 km nördlich von Bamberg in der Nähe des Hofes Frankenthal steht im Koordinatenkreuz des Erscheinungswunders, wie man es nach den Schilderungen des Schäfers Hermann Leicht von 1445/46 situieren zu können glaubte, dort wo die 14 Kleinen dieser Abendvision plus das Jesuskind eine Kapelle und Raststätte vom Hirten für sich gefordert haben, und allda soll

auch kurz darauf das erste Heilungswunder an einer
ohnmächtigen Magd geschehen sein, worauf man
zuerst ein Kreuz, dann einen Altar samt Gotteshaus
aufgerichtet hat, heute beim Herantritt an den mächtigen Prunkbau des Würzburger BarockArchitekten
Balthasar Neumann und seiner Fortsetzer (Weihe
1772, letzte Restaurierung 1990) ist man zuallererst
vom rundum freudigfeurigen Gelb der Quadersteine
eingenommen und beim Eintritt ins Kircheninnere
durch das nördliche Seitentor wird man umso mehr er-
staunt sein, wie sich der von außen kompakt wirkende
Bau innen in eine allseits aufgebrochene und herein-
brechende Lichtleichtigkeit aufzulösen beginnt, infol-
gedessen man selbstverständlich gleich in alle Ecken,
Rundungen und Nischen hineinspazieren und den
Raum wie einen sonnendurchstrahlten WaldDom er-
kunden möchte, d.h. die eigentliche Wunderstelle fällt
zuerst gar nicht besonders auf, trotz figurenbesetzten
Baldachins und darübergewölbter FreskenKuppel,
denn infolge Plankorrekturen ist der panoramatische
NothelferRundaltar jetzt nicht an architektonisch
bedeutsamster Stelle positioniert (ursprünglich war
an die Vierung gedacht), sondern einfach mitten im
Langhaus quasi niedergelegt, so daß man sich als
Besucher seine Wahrnehmung erst langsam erar-
beiten muß, nachdem man etwa schon 14mal in den
Freiräumen und zwischen den 14 Säulen, die den Kir-
chenraum tragen, um den Altar herumgeschritten ist:
jetzt wird man doch zuallererst durchs Gitter auf die
vermutliche Stelle der WunderErscheinung hinunter-
schauen wollen, wie sie uns in einem späteren Bild

als kreisförmiger Reigen rotweiß gekleideter Kinder um das strahlende Jesulein überliefert ist, auf schafbesetzter Flur vor dem staunenden Hüter und dem nicht minder überraschten Hund, wobei die heutige Kirchenfassade rechts im Bildhintergrund schon halb zu sehen ist und sich die KinderErscheinung fliegend flüchtig im Zenit verdoppelt fortsetzt

die weißgoldenen Nothelferfiguren aus Stuckmarmor stockwerkweise auf ihren Stehpodesten und Sitzvorsprüngen des Gnadenaltares sind dagegen im Raum aufgelöst und die Heiligen somit speziell als einzelne anzusprechen, wenn auch zusammengehörig, so stellt sich die Frage, welche man für sich aussuchen würde, etwa als gingen wir mit den Patrozinien schrittweise durchs Kirchenjahr, dann wäre nämlich mit **1-Barbara** (4.12.) zu beginnen und wir sähen sie alabasterweiß auf goldenen Turm gestützt mit goldenem Kelch und goldener Hostie sowie goldenen Rocksäumen und -fransen dastehen, hierauf **2-Blasius** (3.2.) mit den in einer Hand gekreuzten Kerzen am äußeren Rundrand, **3-Georg** (23.4.) ganz oben sitzend zum altaraufsatzkrönenden Jesuskindlein hinweisend, **4-Achatius** weißgewappnet dasitzend mit goldnem Großkreuz im Arm und Dornenkrone (8.5.), **5-Erasmus** (2.6.) stehend in sich gekehrt, da ihm der goldene Putto die goldene Darmspindel trägt, und **6-Vitus** (15.6.) mit Helm, Buch und Hahn, **7-Margareta** (20.7.) sitzend mit goldbandgeleintem Drachen und goldenen Schuhen, **8-Christophorus** (24.7.) mit knorrigem Goldstock und goldkugelhaltendem Knäblein geschultert eine Volte emporsteigend, **9-Pantaleon** (27.7) ganz oben in goldenen Stiefeln sitzend, beide Hände mit goldenem Stift aufs Haupt genagelt, **10-Cyriak** (8.8.) im Quastenhabit mit geflügeltem Dämon nicht unschön zurückgebogen dastehend, **11-Ägidius** (1.9.) ein wenig zu mild und brav mit gefalteten Händen neben der pfeilgetroffenen goldenen Hirschkuh sitzend, **12-Eustachius** (20.9.) mit geschlitzten Pluderärmeln und Goldstiefeletten, seinen etwas klein geratenen KreuzKronenhirsch betrachtend, **13-Dionysius** (9.10.) den eigenen augenlidergeschlossenen Kopf samt goldener Mithra vorm eigenen Bauch hertragend, während oben aus dem abgeschnittenen Hals noch stengelhaft die versteinerten Blutgefäße zu ragen scheinen, und schließlich **14-Katharina** (*Kathrein stellt den Tanz ein,* am 25. November) aufs Schwert gestützt mit goldenem Radbogen und golden gekrönt, alle 14 also durchgehend weiß und schimmernd glatt sowie mehr oder minder himmlisch bewegt, womit wir wieder an 1-Barbara anschließen könnten, und wie man sieht, müssen Jänner und März ohne die klassischen Nothelfer auskommen, dafür sind in der dritten Juli-Dekade gleich 3 von ihnen zur Stelle

im nahen Vorraum zur Pforte des Franziskanerklosters, aber auch bei einem der offenen Devotionalienläden kann man sich mit Literatur und Erinnerungsstücken, auch für die Daheimgebliebenen, eindecken, Wachsvotive wie am Admonter Frauenberg, die Hand, Fuß, Augen, aber auch das liebe Vieh, einen Bienenstock, ein Motorrad oder den ganzen Menschen darstellen, sind hier in Oberfranken nicht üblich

die hl. 3 Madl

treten nicht immer in ihrer vollen Dreizahl (und als *quattuor virgines capitales* kaum in ihrer Vierzahl) in Erscheinung, auch wenn man sie ›die Unzertrennlichen‹ nennt, sie sind aber auf den KirchenBildern und in den SchnitzAltären meist zweifelsfrei an ihren gekrönten Häuptern und deutlich sichtbaren Attributen zu erkennen (Turm, Kelch und Hostie, Rad sowie Buch und Schwert, oder am vielgestaltigen Drachen, den Margareta mit dem Stabkreuz tötet, den sie an der Leine führt, dessen geborstenem Leib sie entsteigt), jene speziellen drei Blutzeuginnen des christlichen Glaubens, oft auch als Assistenzfiguren der Gottesmutter eingesetzt, sollen nach einer bestimmten Auffassung in der Verehrung ziemlich spät, nämlich erst im 14. Jh., aus dem Gefolge der hl. Ursula herausgelöst und in den Alpenraum transferiert worden sein (wo man sie sich mit dem gereimten Merkspruch: *Barbara mit dem Turm, Margareta mit dem Wurm, Katharina mit dem Radl, das sind die hl. drei Madl* gut einprägen konnte, als Repräsentantinnen des Nährstands, Wehrstands und Lehrstands), ursprünglich war auch noch Dorothea (mit dem Blumenkorb) als 4. hl. Madl dabeigewesen

die Kölner Gruppe spätrömischer Märtyrerinnen hat sich durch ständiges Freilegen weiterer Bestattungsstätten auf dem Kirchenareal vor der römischen

Colonia Agrippinensis sprunghaft (und wie man inzwischen annehmen darf: fehlgelesen) von 11 auf 11-Tausend erweitert, zugleich stieg auch der spätantike Memorialbau im Norden vor den Toren der Stadt zum **Hauptort des Märtyrer- und Reliquienkults** auf, wobei sich die Namen und Profil gewinnenden Einzelpersonen dann im Laufe der einsetzenden und weitergesponnenen Legendenbildung befestigen konnten, es etablierte sich ja selbst jene *Ursula* genannte britannische Königstochter (aus der Bretagne?) erst allmählich (mit einer *passio* aus dem 10. Jh.) als Patronatsheilige der Kirche und Stadt (mit Krone, Palmzweig und Pfeil), und sie führt (auch als zweite Schutzmantelmadonna) ihre duldende weibliche Heerschar auf unzähligen Bildern und Bilderzyklen an (eigenhändig vom abgewiesenen Hunnenkönig Attila auf der Rückreise von Rom in Köln durch Pfeilschuß getötet)

das Ausgraben und Bergen weiterer Reliquien setzte sich im Mittelalter an Ort und Stelle fort, Kirche und GräberAreal wurden jetzt in die Stadt mit einbezogen, schließlich sah man sich in der Renaissance genötigt, die kleine Schatzkammer zur noch heute in Staunen versetzenden und nur beschränkt zugänglichen **Goldenen Kammer** zu vergrößern, deren Wandregale mit den bedeutendsten **Reliquienbüsten** gefüllt sind, welche einst als Heiltümer den Pilgerstrom und die damit verbundenen Einnahmen hierher zu lenken imstande waren, aus der Herstellung solcher knochengefüllter Büsten mit oder ohne Durchgriffslöcher(n) und Schädelkalottendeckel(n) hat sich in den Vorstädten Kölns eine blühende Industrie entwickelt (einige der schönsten vor allem weiblichen und versonnen lächelnden Reliquienbüsten sind auch in der Kirche St. Ursula selbst aufgestellt sowie im Museum Schnütgen in Sichthöhe präsentiert), und wenn man die elegantesten dieser jetzt restaurierten zumal Damenbüsten für sich auswählen möchte und sie als späte Personifikationen der hl. drei Madl ansprechen will, wäre das vielleicht sogar im Zusammenhang mit der grundlegenden Arbeit von Frau Prof. Dr. Urbanek zum Thema Reliquienbüsten möglich, und die Tatsache, daß die hl. 3 Madl dieselben Initialen wie die hl. 3 Könige (siehe Schrein im Kölner Dom) tragen und schließlich als einzige Frauengestalten die Nothelferschar bereichern, hebt sie nicht minder hervor, in einer speziellen Südtiroler Variante werden die hl. 3 Jungfrauen (von Meransen) unter den Namen Aubet, Cubet und Quere verehrt (*Arunda* Nr. 6, 1978)

Barbara, die ›Wilde‹, Barbarin (4. Dez), Barbarazweige sollten unter Schweigen am Vorabend geschnitten werden, christliches Orakel, Schildchen daran gehängt für jedes Familienmitglied, mit Hostienkelch oder Turm, für eine gute Sterbestunde, für die Armen Seelen, für Bergleute, vor allem für Mineure, für die Architekten und für die Artillerie (wobei der jüngste Artillerieoffizier der Einheit am Patroziniumstag in die Rolle der Barbara schlüpfen durfte), *Thesaurus Montium der verborgene Berg-Schatz / wird durch Verdienst und Fürbitt der hl. Barbarae gefunden und* *erhebt,* wie es 1737 in einer Predigt Karlmann Vierholzens, des sogenannten Abraham a Sancta Clara von Admont (für dessen Kupferbergwerk zu *Kählwang* im Paltental) heißt

eine kleinere Barbara-Reliquie wird im Eibinger Reliquienschatz verwahrt, den Hildegard von Bingen zusammengetragen hat (bei der Frage, ob das Überbleibsel den Weg von Disibodenberg über Bingen und den Rhein nach Eibingen genommen hat und woher so ein einzelnes Heiltum stammt respektive von wem es erworben wurde, bleibt das Thema der Realknochen-Echtheit vorerst einmal ausgeblendet), ob Barbara vom Vater Dioscuros zur Abschirmung oder aus Eifersucht in einen eigens gebauten Turm gesperrt wurde, auch diese Frage muß offen bleiben, geschlossen bis auf zwei Fenster war das Gebäude allemal, Barbara ließ ein drittes Fenster zur Komplettierung der Dreifaltigkeit ausbrechen, und nachdem sie vor dem mörderischen Erzeuger in eine sich öffnende Felsspalte fliehen konnte, wurde sie von einem Hirten verraten, der daraufhin selbst in einen Stein und dessen Herde in Heuschrecken verwandelt wurde(n), Haut zerfetzen, mit Keulen schlagen, Brüste abschneiden, mit Fackeln foltern, vom eigenen Vater enthauptet werden

Katharina von Alexandrien (25.11.), herausragende Nothelferin bei Leiden der Zunge und Sprachschwierigkeiten, mit EnthauptungsSchwert, Buch und Rad, geht vielleicht auf die Umdeutung einer Feuerradtänzerin oder auf die historische Hypatia von Alexandrien (370-415, Philosophin, ermordet) zurück, K. lehnt den Sohn des Kaisers Maxentius ab, verteidigt Christentum beredt im Disput mit 50 Gelehrten, diese konvertieren daraufhin und sterben mit, ist im Wappen der Universität Paris zu finden, aus der Köpfungswunde fließt Milch statt Blut, Engel bringen ihren Leichnam zum Sinai, Justinian läßt dort Kloster bauen (es ist auch der Verwahrungsort der frühesten vollständig erhaltenen griechischen Abschrift des Alten Testaments im *Codex Sinaiticus*), Darstellung ihrer **mystischen Vermählung mit dem Jesuskind** samt einseitiger Ringübergabe, wobei jene nicht minder wortgewaltige andere Katharina, die von Siena (in ihren Briefen hat sie den Papst in Avignon beim Blut Christi beschworen, doch nach Rom zurückzukehren) ihrerseits die **Vorhaut Jesu** als EheRing getragen haben soll, *wie St. Kathrein, wird's Neujahr sein*, der kleine Voralpenort Gschwandt bei Gmunden mit seinem verwunschenen Salzkammergut-Flughafen und der spätgotischen Pfarrkirche zur hl. Katharina trägt sogar das zerbrochene Rad der zypriotischen Königstochter im Gemeindewappen

Margareta, mit Kreuz und Drachen (20. Juli), als weibliches Gegenstück zum hl. Georg, hilft den Gebärenden, zum selben Termin wie Wilgefortis oder die hl. *Kümmernis* (diese als Patronin abgekommen), Salus-Auslaufbrunnen im 5. Wiener Gemeindebezirk: am Margarethenplatz in Margarethen, der vielfältig skulpturenbesetze ›Kogel‹ (als hoffentlich bleibendes

Werk Karl Prantls und seiner heillos zerstrittenen Steinbildhauersymposiums-Mitstreiter aus der Zeit der Umgestaltung des Wiener Stephansplatzes zur Fußgängerzone in den 70er-Jahren) liegt seinerseits nahe dem burgenländischen Weinort St. Margarethen, bei **Raffael** im Wiener Kunsthistorischen Museum steht Margaretha im blauen Hosenanzug mit schwellenden Körperformen in einer düsteren Lößnische, die rote Stola über die Kreuzhand geworfen, mitten in den Windungen des um sie geschlungenen blaßgrünen Untiers, nahezu zärtlich auf dessen klaffenden Rachen hinunterschauend, in einem **Pariser Stundenbuch** entsteigt sie im blauen Mantel dem blutigen Rücken des Drachens, während vorne aus dessen Maul noch ihr gleichfarbener Rocksaum herausschaut (den sie wohl bald nachziehen wird), in einem ca. DIN A4-Blatt großen **Hortus-conclusus-Kästchen** aus Mecheln (16. und 18 Jh.) sind kleine Schmuckblumen und Reliquienstücke um Margaretas stehende Heiligenfigur dekorativ verteilt (KOLUMBA Köln), im steirischen **Mandlkalender** erscheint sie rot hinter einem vor ihr auf dem Tisch positionierten blauen Drachen, als Hochsommerheilige ist sie auch fürs Wetter zuständig, Margueritensträuße lassen sich aber bereits im Mai pflücken und gehören etwa zur Kindheitserinnerung an die Fronleichnamsprozessionen, bei denen die verwehten und einander überholenden Gesänge der am Umzug Beteiligten von den Wiesenwegen und über die Felder her tönten, *Margareten-Regen wird erst nach Monatsfrist sich legen* das rätoromanische *Canzun de sontga Margriata* (Christian Caminada, *Die verzauberten Täler*, Disentis 1986) singt von einer Margarethe, die 7 Sommer ohne Entdeckung auf der Alm als Mann gelebt hat, bis der Hirt sieht, daß sie Frau ist, *das muß der Senne wissen*, meint der dritte Mann der Alp, und wieder: *das muß der Senne wissen*, schade: nach mehreren ausgeschlagenen Gegenleistungsangeboten für sein Schweigen gibt es für die heilbringende MannFrau dann nur mehr den Abgang für immer und somit die Verdorrung und Vergandung der vordem so kräuterreichen Fluren

o hl. Frau Kümmernis

wie schön gewandet stehst du da
samt deinen güldnen Schuhen,
die Hände flach ans Holz gespießt
hast keine Zeit zum Ruhen

den Freier, der dir zugedacht
den wolltest du nicht nehmen
dein Kreuz ziert jetzt so manchen Ort
in Österreich und Böhmen

hast dich, der Sexattacken leid,
vom Herrn verschandeln lassen
des Vaters Stolz war so verletzt
er warf dich auf die Straßen

und ließ dich etlich Tage lang
am Kreuzesholz verschmachten,
derweil dir Freunde aus der Stadt
teilnehmend Trost darbrachten

dem Geiger halfst du mit dem Schuh
der wollte ihn verscherbeln
des Kirchenraubs zieh man ihn drauf
und führte ihn zum Sterben

sein Weg geht an dem Bild vorbei
er darf zum Trost noch spielen
da wirfst du ihm den zweiten Schuh
kannst jetzt sein Glück erfüllen

ob Mann, ob Frau: du kümmerst dich
bei Mißwuchs, Not an Kindern,
als Virgo fortis, Leonhard
versuchst du Schmerz zu lindern

Abrahams Opfer/Isaaks Opferung

Litaneien

I Abraham/Isaak

am	IBRAHIM	ISAAK
hl. Bimbam	sublim	Tabak
Makadam	interim	Schnupftabak
Asphaltmischmakadam	Isegrim	Kautabak
Madam	Pilgrim	Tobak
Tripmadam	Krim	Steak
Eidam	Prim	Bosniak
Potsdam	gradatim	Jak
Team	privatim	Kajak
Infam	legitim	Makak
Bräutigam	illegitim	Flak
Amalgam	maritim	Kakerlak
monogam	intim	Kulak
polygam	Alm	Portulak
ABRAHAM	Halm	Pastinak
Scham	Hochalm	opak
Jam	Schachtelhalm	Irak
Islam	Psalm	Anorak
	Bußpsalm	Donkosak
		Biwak
		Yak

Abraham, ursprünglich **Abram**, der Stammvater des Monotheismus, als ›Heiliger‹ verehrt am 9. Oktober (Patrozinium Mainz 6. Oktober), wird (falls historisch) im 18. Jh. vor Chr. in der Stadt Ur, also »jenseits des Euphrats« (heute *Tall al-Muqayyar*) in Chaldäa geboren

Abraham lebt zur Zeit des Babyloniers Hammurabi (der dem in 1 Mose 14 genannten Amraphel gleichgesetzt wird), zur Zeit auch der Hethiterherrschaft und Hyksoseinfälle

Abraham dient der Legende nach zuerst als Feldherr des **Nimrod**, des Städtebauers (Turm zu Babel) und großen Jägers, dann entzieht er sich diesem und beginnt (sowieso halbnomadisch lebend) auf Geheiß des Herrn die Auswanderung nach Kanaan, mit seiner Frau **Sara** (eigentlich Sarai) und mit seinem Neffen **Lot** *(in dir sollen gesegnet werden alle Geschlechter auf Erden)*

durch ausbrechende Hungersnot gezwungen, ziehen Abraham und die Seinen weiter nach Ägypten, als der Pharao die schöne Sara zur Frau nimmt, die Abraham zur Sicherheit als seine Schwester ausgegeben hat (seine Halbschwester ist sie ja), offenbart er sich, wird vom Pharao beschenkt und kehrt nach Kanaan zurück

Abraham trennt sich von Lot, der nach Sodom und Gomorrha zieht, dort in Gefangenschaft gerät und von Abraham befreit werden muß

die Kette der Verheißungen des Herrn setzt sich fort: *deinen Nachkommen will ich dies Land geben von dem Strom Ägyptens bis an den Euphrat*

der Nomadengott der archaischen Hirtenkulturen ist nicht an ein Heiligtum, sondern an eine Gruppe von Menschen gebunden, die Zuordnungen wie »der Gott Abrahams, Isaaks und Jakobs« sind ebenso formelhaft wie anderswo im Alten Orient

der Priesterkönig **Melchisedek** von Salem tritt

Abraham am Abend nach der Schlacht der Könige mit Brot und Wein entgegen und segnet ihn (was als Vorverweis auf das christliche Opfer gedeutet wird, siehe auch die Darstellung im Verduner Altar Klosterneuburg 1181)

mehrere Verheißungen prophezeien Nachkommen, aber Sara bleibt unfruchtbar und gibt Abraham ihre ägyptische Magd **Hagar**, damit diese ihm Kinder schenke

die schwangere Hagar aber erhebt sich über ihre Herrin und wird von dieser in die Wüste geschickt (das erste Mal), ein Engel erscheint ihr dort am Quell, befiehlt ihr zurückzukehren und sich zu demütigen, denn sie werde einen Sohn gebären, den sie **Ismael** nennen solle und der reiche Nachkommenschaft haben werde

als später Sara den **Isaak** zur Welt bringt, verlangt sie von Abraham, daß er Hagar und Ismael ausweise, wieder erscheint der Engel in der Wüste, zeigt Hagar den vergessenen Quell für den verdurstenden Ismael und prophezeit diesem neuerlich reiche Nachkommenschaft: Ismail gilt als der Stammvater der Muslime

dann schließt der Herr einen **Bund mit Abraham** und verlangt zum Zeichen des Bundes die **Beschneidung aller Männer** hinfortan (Abraham selbst war dabei 99 Jahre alt, Ismael gerade 13), die Darbringung der Vorhaut wird als Zivilisierung des Menschenopfers interpretiert

eines Tages sieht Abraham, vor seinem Zelt sitzend, 3 Männer herannahen, erkennt sie als Engel Gottes, dann aber spricht einer allein: es ist im Text ein merkwürdiges Schwanken zwischen der Anzahl 3 und 1, was als Trinitätsvorverweis gedeutet wurde

Abraham bittet die drei/den einen zu Fußwaschung und Rast unter seinen Baum, läßt eine Mahlzeit bereiten und erhält die Prophezeiung: Sara werde einen Sohn gebären, Sara steht horchend hinter dem Zeltvorhang und lacht ungläubig (eine Szene für die Kunstmaler), die Verheißung wird ihr gegenüber wiederholt

Abraham erfährt von der Verderbnis Sodoms und bittet für die Gerechten, ja verhandelt mit Gott um die Hinaufsetzung ihrer Zahl

von 2 Engeln gewiesen, läßt Lot das brennende Sodom hinter sich, seine Frau, die sich gegen das Gebot der Engel umwendet, erstarrt zur Salzsäule

beide Töchter Lots geben sich dem Vater, den sie trunken gemacht haben, hin, an 2 Tagen hintereinander, um den Stamm zu erhalten

Abraham wandert nach Gerar, gerät in Schwierigkeiten mit **Abimelech** dem Philister, da er auch ihm Sara als Schwester ausgegeben hat (wie schon in Ägypten gegenüber dem Pharao), worauf dieser sie gefangengenommen hat

Abimelech erfährt im Traum, daß er Sara nicht berühren dürfe und herausgeben müsse, um Unheil abzuwenden, er bringt sie mit Knechten und Mägden zurück, wird geheilt und gesegnet, ein Vertrag wird geschlossen in Ber-Scheba, dem Brunnen des Siebenschwurs

nun folgen, der Verheißung entsprechend, Isaaks Geburt und Hagars 2. Vertreibung, daran schließt sich die am häufigsten dargestellte Szene an, **Isaaks Opferung**: auf Gottes prüfendes Geheiß belädt Abraham seinen Esel mit Holz, nimmt Isaak und 2 seiner jungen Knechte mit (nach der Buber-Übersetzung 2 Knaben, vielleicht gar Ismael und den Hausältesten Eliëser, die sich schon aufs Erbe freuen)

Abraham macht sich nach Morija auf, wo nach jüdischer Überlieferung der Ursprungsort, also der Nabel der Welt liegt, mit seinem Stein *schetijah*, es ist auch der Ort des späteren Tempels

Abraham geht das letzte Stück allein mit Isaak/ Jizchak, läßt diesen das Scheiterhaufenholz tragen, baut einen Altar und legt Isaak opfernd drauf (Arme und Beine zusammengebunden), dieser war der Überlieferung nach 37 Jahre alt, hatte also die 6x6 gerade passiert

es ertönt die Stimme des Engels: *Lege deine Hand nicht an deinen Sohn*

Abraham läßt das Opfermesser sinken, sieht einen Widder im Dorngesträuch hängen und opfert diesen: das Menschenopfer ist somit durchs Tieropfer ersetzt

spätere christlich-allegorische Ausdeutungen des Opfergeschehens sehen im Widder, der in den Dornen gefangen ist, den dornengekrönten Christus und im Opferholz tragenden Isaak den kreuztragenden Christus, oder: durch den Widder wurde Isaak befreit, durch das Kreuzesopfer Christi wurde die Menschheit erlöst

im jüdischen Neujahrsfest (*Rosch Haschana*, siehe auch ›guter Rutsch‹) wird der Bindung Jizchaks auf dem Morija gedacht, der härtesten Glaubensprüfung der ganzen Schrift, bekanntlich stößt der Rabbi dabei hochenergetisch ins Widderhorn (Guido Ceronetti hat es für Venedig beschrieben)

die **Islam-Tradition** sieht wie die jüdische und christliche die Abstammung der Araber über Ismael von Abraham bezeugt, Mohammed selbst kommt aus dem Stamm der Quraisch, der in Mekka führend war und sich über Ismail auf Ibrahim zurückführte

der ältere Ismail wird in dieser Tradition zum bevorzugten Sohn Ibrahims und soll mit diesem das Heiligtum der **Ka'ba** gegründet haben, sie gilt als erstes Gotteshaus, ihr Ort ist der heilige Platz Abrahams

schließlich wird laut Koran Ismail zum wahren Helden der Opfergeschichte, eine Sicht, die in der muslimischen Welt von heute dominiert: er war es also, der geopfert werden sollte, auf dem Weg zur Opferstätte wird er dreimal vom Teufel in Versuchung geführt, sich seinem Vater zu widersetzen, und dreimal verscheucht Ismail den Teufel mit gezielten Steinwürfen, was von den Mekkapilgern pflichtgemäß ebenso nachvollzogen wird (mit 49 vom Wüstenboden aufgelesenen Steinchen für die symbolische Steinigung des Teufels, jährlich dabei Unglücksfälle)

Abraham stirbt, wie es heißt, »alt und lebenssatt«, er wird von seinen Söhnen Isaak und Ismael neben Sara im Hain Mamre, den er als Erbbegräbnisstätte gekauft hat, begraben

Abrahams Schoß: diese sprichwörtlich gewordene Vorstellung leitet sich vom Gleichnis des reichen Mannes und des armen Lazarus (Lukas 16,22) ab: hier bringen Engel die Seele des letzteren in Abrahams Schoß, d.h. ins Paradies, wo er keine Not mehr leiden muß, die umgangssprachliche Wendung *wie in Abrahams Schoß* bedeutet *absolut sicher, geborgen*, die Interpretation von Abrahams Schoß im frühen Christentum stellt in Aussicht, daß alle Gerechten beim Jüngsten Gericht in Abrahams Schoß aufgenommen werden und somit ins Paradies gelangen

Abrahams Wurstkessel: diese scheinbar despektierliche Redensart, etwa: *da warst du ja noch in Abrahams Wurstkessel* (noch nicht auf der Welt, vor deiner Zeit) verdankt sich vielleicht einer Anspielung auf Abrahams Kinderlosigkeit bis ins hohe Alter

eine kalauerhafte Wendung dagegen ist die bekannte alphabetische, nämlich: *Abraham und Bebraham führn's Zebra ham*, da ist auch die Verbindung zum Trödler Abraham nicht weit

der Name Abraham wird gedeutet als »der Vater ist erhaben«, wobei Vater den Schutzgott bezeichnen kann und so der Menschenname den Gottesnamen in sich trägt (*theophor*)

in Abraham hätten alle 3 monotheistischen (Buch-) Religionen einen unumstrittenen Stammvater

man kann sich die Erzählung von **Abrahams Opfer=Isaaks Opferung** in den Worten Martin Luthers vergegenwärtigen, in der eigenwilligen Übersetzung Martin Bubers, und in der entsprechenden Stelle im Koran (Sure 37)

II das Opfer

Ampfer	Klopfer	Verkehrsopfer
Sauerampfer	Anklopfer	Meßopfer
Stampfer	Türklopfer	Töpfer
Einimpfer	Ausklopfer	Schlachtopfer
OPFER	Menschenopfer	Notopfer
Geldopfer	Totenopfer	Stopfer
Schuldopfer	Götzenopfer	Festopfer
Brandopfer	Sühnopfer	Kunststopfer
Schöpfer	Schuhknöpfer	Blutopfer
Tonschöpfer	Schröpfer	Hupfer
Weltschöpfer	Todesopfer	Hüpfer
Naziopfer	Kriegsopfer	Grashüpfer
Dankopfer	Reinigungsopfer	Heuhüpfer
Trankopfer	Versöhnungsopfer	Kupfer

mit Opfer (*sacrificium, oblatio, immolatio*) bezeichnet man zunächst im religiösen Gebrauch eine der Gottheit oder einer Gottheit dargebrachte **Gabe** zum Ausdruck der Verehrung, der Bitte, des Dankes, der Versöhnung usw. sowie die **Handlung** des Opferns (Bitt-, Dank-, Freuden-, Lob-, Sühne-, Abend-, Morgen-, Fest-, Brand-, Rauch-, Frucht-, Speise-, Trank-, Tier-, Menschen-, Geldopfer u.a.)
Opfer ist ein so allgemeines Verhalten, daß schließlich jede Art von menschlicher Verrichtung, jede Stufe sozialer Entwicklung, jede Art von Vorkommnis im Leben irgendwo und irgendwann während menschlicher Geschichte mit einem Opfer begleitet wurden
das Opfer hat vor allem zweierlei Wandlungen durchgemacht, einmal diejenige zum dinglichen **GeschenkOpfer** hin, sodann entgegengesetzt in einem Sublimationsprozeß zur Ersetzung der dinglichen

Darbringung durch eine rein geistige, **persönliche Hingabe**, aber: es ist bei weitem nicht alles Opfer, was nach Darbringung aussieht

in einer »primitiven« Schicht herrscht die Vorstellung, daß menschliche und außermenschliche Geisteswelt miteinander ein Bezugssystem bilden, in welchem die Fäden hin und her laufen, es erfolgt ein Energieaustausch mit Teilen der Welt, speziell mit lebenden Wesen, Tieren und Pflanzen (den Totems)

des Menschen Opfer wird die unmittelbar empfangenden Götter, die nun auch hinzugedacht sind, so beeinflussen, daß sie einen widrigen Gott zwingen, Freund zu werden, etwa Regen zu spenden: der Übergang vom religiösen Opferkult zum Zauberdienst ist hier vollzogen, in volkskundlichen Zusammenhängen etwa in Form des **Höllenzwang**s

in weit höherem Maß als Götter sind bei den Indern die **Ahnen** Empfänger dinglicher Opfer, die »Väter« nehmen zunächst an einer Reinigungszeremonie aus ihrem jenseitigen Zustand heraus teil, um dann warme Speisen zu erhalten, durch deren Genuß sie den Spendern günstig gestimmt werden, vor allem erweisen sie ihre Gunst durch Schenkung eines **Erben**

später treten eine Menge von Naturdämonen an die Stelle der einheitlich geschauten göttlichen Macht, der Mensch steht Dämonen und Göttern gegenüber und sucht auf ihre Haltung und Gesinnung einzuwirken, das Opfer wird vom Begierdewesen Mensch nach dem Prinzip des ***do-ut-des*** (ich gebe, daß du mir gibst) absolviert

manches Opfer ist auch aus einem Reinigungsritus

entstanden: eine einfache Räucherung soll Dämonen abhalten, wenn etwa dem brennenden Holz wohlriechende Kräuter und Harze beigemischt werden: derart veredelt soll der aufsteigende Rauch den Göttern gefallen

auch an sich wertlose Gegenstände und Teile desselben Objekts können nach dem *pars-pro-toto*-Prinzip als Opfergabe gelten: indem eine Hahnenfeder anstatt des Hahns, das Ei anstatt des Huhns oder ein schwarzer Pfennig anstatt des schwarzen Leichenhuhns dargebracht wird

die römischen Gallier gaben als Jagdopferablöse für einen Hasen 2 Oboli, für einen Fuchs eine Drachme und für ein Böckchen 4 Drachmen in den Schatz der Diana oder kauften ein entsprechendes Haustier (Taube, Ziege), das sie anstelle des Wildes opferten, welches sie von der Göttin empfangen hatten

in manchen Fällen mag auch das Durchbohren der Ohren und andere Verstümmelungen wie *piercing* ursprünglich den Sinn eines einer Gottheit gebrachten Opfers haben, das Schutz vor dämonischer Beeinflussung bewirken sollte, **Selbstkasteiungen**, Peinigungen u.ä. tauchen dann an ebenjener Stelle auf, wo früher ein Opfer angezeigt war

höchstes christliches Opfer ist der Tod Christi als Versöhnungopfer für die Sünden der Menschheit, katholisches **Messopfer** (*hostia*) ist die erneuerte unblutige Opferung Christi vonseiten des Priesters, schließlich wird die Teilnahme daran Sonntagspflicht

dagegen Luther: *da ich anfing die Messe zu verdammen, daß sie nicht ein Opfer noch unser Werk, sondern*

eine Gabe und Geschenk oder Testament Gottes wäre,
welches wir Gott nicht opfern künden, sondern von
Gott empfangen sollten und mußten

als Opfer verstehen sich auch fromme Gaben beim Offertorium der hl. Messe, gute Werke der Barmherzigkeit wie aufopfernde Pflege, **Gelübde** wie das Klostergelübde, aber auch Personen, die (einem Tier- und Menschenopfer ähnlich) für etwas büßend oder sühnend (wofür) untergehen oder ein Übel erdulden, bezeichnet man als Opfer: man spricht von Verkehrs- und Lawinenopfern, offizielle Stellen ziehen eine Opferbilanz

Opferstätten der Vorzeit haben oft ihren Bedeutungssinn bewahrt, **Schalensteine** gelten als Opferplätze, der schweizerische Feenstein weist eine Opferrinne auf, Kirchen stehen auf vorchristlichen Opferplätzen, Opferbäume wie **Wunderbuchen** werden zu Wallfahrtszielen, an bestimmten Felsen und Steinen läßt man noch heute etwas zurück, etwa auf jenem **Steinhaufen auf der Burgeiser Alpe** im Vinschgau, an dem jedes erstmals vorübersteigende Kind einen Stein aufheben und dem Haufen hinzufügen muß mit den Worten: *ich opfere, ich opfere den wilden Fräulein*, ansonsten wird das Kind von den Wilden bestraft (die als Totengeister gesehenen Fräulein haben unter dem immer höher werdenden Steinhaufen eine sichere Wohnstatt und sind so gebannt)

noch immer ist weithin der Volksglaube lebendig, daß der Tote wie ein **grollender Geist** dem lebendigen, namentlich den Angehörigen, unangenehm werden kann und wird, schon aus seinen Erdentagen her trägt er manchen Groll im Herzen, hier haben die Opfer als sich durchsetzende Besänftigungs- und Versöhnungstaktik ihre Hauptwurzel, von hier wurden sie erst in den Götterkult eingeführt, denn der Tote ist es, nach dieser Ansicht, der Krankheiten an Mensch und Vieh, Zerstörung des Eigentums, Vorenthaltung des Kindersegens und Schicksalsschläge jeglicher Art verursachen kann

die Seelen sind dementsprechend geradezu ständige Aufpasser und haben zu diesem Zweck gleich unter der **Türschwelle** ihren Wohnsitz genommen, weshalb man am Staffel ja nicht Holz spalten darf

daher sind auch gleich mit den Leichenfeiern Opfer verbunden: noch während des Seelenamts opfert man Kerzen, macht um den Altar herum den Opfergang und legt in die aufgestellten Teller die Gabe, in manchen Gegenden (etwa in der steirischen Ramsau) ist diese Darbringung auch bei den Evangelischen üblich

die **Gaben aufs Grab** (an die Stelle von früheren Beschwichtigungsgaben getreten) verlangt der Tote ausdrücklich, und er würde es als grobe Vernachlässigung betrachten, wenn nicht wenigstens an den eingerichteten Gedächtnistagen sich die Liebesgaben auf seinem Hügel einfänden

so sind auch in aufgeklärten Zeiten, in denen der Vollzug des Opfers immaterielle Dimensionen angenommen hat, Manifestationen eines umfassenden Opferbegriffs lebendig erhalten geblieben, man kann ihnen in Alltag und Festtag allenthalben nachspüren

Opferaltar
Opferamt
Opferasche
Opferaufwand
Opferaxt
Opferbaum
Opferbecher
Opferbeil
Opferbinde
Opferblume
Opferblut
Opferbrand
Opferbrandholz
Opferbrauch
Opferbrennholz
Opferbrot
Opferbühne
Opferdamp
Opferdank
Opferdeuter
Opferdiener
Opferdiens
Opferdolch
Opferduft
Opfermut
Opferesser

Opferfeier
Opferfest
Opferfett
Opferfeuer
Opferflamme
Opferfleisch
Opfergabe
Opfergang
Opfergeld
Opfergeruch
Opfergesang
Opferholz
Opferhorn
Opferkelch
Opferkerze
Opferkeule
Opferknabe
Opferknecht
Opferkranz
Opferkuchen
Opferlamm
Opfermahlt
Opfermesse
Opfermord
Opferdurst
Opferort

Opferpfennig
Opferplatz
Opferpriester
Opferrauch
Opferschale
Opferschau
Opferspruch
Opferstab
Opferstätte
Opferstein
Opferstier
Opferstock
Opfertier
Opfertisch
Opfertod
Opfertrank
Opferung
Opferwilligkeit
Opferwort
Opferzeit
Opferzoll
Opferzug
Opferzug
Opiat
Opium
Opposition

Agnes

auch sie eine Gestalt aus dem Rom der Spätantike, aber etliche Jahre vor den ebenso beliebten Stadtrömer Alexius datiert sowie ihr Fest an den Termin des allerfrühesten Vorfrühlingsbeginns gesetzt, weit vor Ostern, ja sogar noch vor Lichtmeß, nämlich auf den 21. Jänner, Agnes ist auch die erste weithin verehrte römische weibliche Heilige mit eindeutigen Bilder Attributen: nämlich mit Märtyrerkrone, Palmzweig und vor allem mit dem **Lamm** zu Füßen oder im Arm (siehe den Gleichklang von lateinisch *agnus*/Agnes und griechisch: *hagné*: heilig, rein, keusch), Agnes ist bisweilen stark behaart dargestellt (ähnlich der Maria Aegyptiaca, aus welchem Grund wird noch erklärt) und sie erleidet in zweifacher Ausführung das Martyrium: im lateinischen Traditions-Zweig als 12-jähriges Mädchen in der diokletia-nischen Verfolgung 305, in der griechischen Überlieferung als erwachsene junge Frau, die sich (als Braut mit Christus ähnlich wie Katharina in mystischer Hochzeit verbunden wissend) weigert, auf die Werbung des Sohns des Stadtpräfekten Sympronius einzugehen und noch dazu der jungfräulichen Herdgöttin Vesta zu opfern: Agnes wird daraufhin ins Bordell gesteckt, wo ihr zum Schutz die Haare in Körperlänge wachsen (siehe auch gewisse Magdale-nendarstellungen mit Ganzkörperhaar) und wo ein Engel sie (die Kleiderberaubte) mit weißem Gewand bekleidet, selbiger Engel steht Agnes auch sonst bei und bringt gleich den ersten Freier zu Tode, wohl wieder den Sohn des besagten Präfekten (während die heutigen vorwiegend osteuropäischen Prostituierten, und nicht nur sie, ihrerseits erwartungsgemäß glatt rasiert sind und als gutverdienende Peepshow-Tänzerinnen ihre örtlichen Freier quasi rufmörderisch allesamt als Wixer bezeichnen, da mögen diese schmachtenden Männer in den Solokabinen so viele Geldscheine durch den Trennungsschlitz stecken, wie sie wollen, bis dann auch noch die Glastür aufgeht und Annäherung möglich scheint), doch zurück zum Fall der öffentlichen römischen Agnes: um die Sache mit dem freiertötenden Engel vor dem Präfekten glaubhaft zu machen, läßt sie (die haarig gewappnete Zwangsprostituierte) den toten Jüngling fürsprechend wieder zum Leben erwecken, doch auch das hilft ihr nichts, ein Scheiterhaufen, den sie anschließend besteigen soll, fällt zwar auseinander, doch zum Schluß hat man ihr (die das Lamm fest in Armen hielt) in beiden Versionen die Kehle durchgeschnitten, und da sie nach 8 Tagen ihren Freunden und Eltern jubilierend samt dem apokalyptischen Lamm wiedererschienen ist, wird ihr Fest in den Anfängen gleich zweimal gefeiert, nämlich am 21. Jänner (dem Todestag) und am 28. Jänner (dem Erscheinungstag)

eine verquere Vorstellung: um eine junge Frau töten zu können (eine Jungfrau tötet man nicht), muß sie vorher vergewaltigt werden, bisweilen hört man aus sittenstrengen Ländern von derartigen Brachialfällen auch in der Gegenwart am 21. Jänner wurden früher in Rom jene 2 Lämmer gesegnet, aus deren Wolle die Nonnen von *Sant'Agnese fuori le mura* (in der Via Nomentana) die Fäden und Stoffe für die **Pallien der** (neu ernannten) **Erzbischöfe** sponnen und woben (Pallien sind weißwollene, mit 6 schwarzen Kreuzchen verzierte Schmuckbinden, die Amtszeichen der Metropoliten), die zweite berühmte Agnes-Kirche Roms ist *S. Agnese in Agone* (in Agonie) oder *al Circo Agonale* und an der Stelle ihres Kehlschnitt-Martyriums im Stadion des Domitian errichtet (heute Piazza Navona) (siehe dort auch die Konkurrenzkämpfe der beiden Architekten Borromini und Bernini), Agnes-Reliquien gelangten später nach Utrecht und Brixen, die keusche Agnes ist Patronin der Verlobten und (man höre und staune) auch der Gärtner, da der *hortus conclusus* als symbolischer Ort der Jungfräulichkeit aufgefaßt wurde, im Volksglauben bringt Agnes den Frühling, einen Tag nach Fabian und Sebastian (Wastl), die ersten Lerchen sollen dann einfliegen und die Bienen ausschwärmen, im Tiroler Wipp-, Eisack- und Etschtal meint man, die Vögel würden an Sankt Agnes Hochzeit halten, im Rheinland dagegen darf man als Nachzügler bis zum AgnesTag (also dem 21. Jänner) Neujahrsglückwünsche überbringen, solange gilt es noch

Alexius

gerufene Paraphrase

am 17. Juli zeigt ihn der Mandlkalender im Zwickel
unter einer Treppe sitzend, gilt als eine der beliebtesten Gestalten der Verehrungsgeschichte, aus bereits
christlichem römischen Elternhaus, wich am Tag der
Hochzeit (übrigens ein bevorzugter Erwählungstermin) in die Fremde aus, starb entweder hochangesehen als Aszet von Edessa oder (wesentlich dramatischer:) er kehrte verwahrlost nach Rom zurück und
lebte jahrelang unerkannt im schmutzkübelübergossenen Eck **unter der Treppe** (manche Klostertreppe
ist nach ihm benannt), und erst nach seinem Tod erwies ein Zettel, den er in der Hand zerknüllt festhielt
und der nur vom Papst höchstpersönlich geöffnet
werden konnte, den wahren Sachverhalt, doch hören
wir ihn selbst:

*dann kommt mir also per Zufall, Wink oder akausalem Zusammenhang eines Tages zu Ohren, mir, der
ich doch jeden Kontakt auch mit der allernächsten
Verwandtschaft (Deszendenz wie Aszendenz und Parallelkreszenz) seit Jahrzehnten vermieden habe, um
(nebenbei gesagt) diesem Moloch an Ansprüchen aller
Art, Biedersinn und Wohlverhalten, seinerseits gepaart
mit Gesinnungsterror und einer perfiden Überprüfungs- und ZurechtstutzungsMaschinerie im Äußeren*

wie im Inneren, ein für allemal zu entgehen, TRACHT (Doppelpunkt) : PFLICHT, da erfuhr ich also eines Tages bei einem Kurzaufenthalt, quasi auf der Durchreise in meiner Heimatstadt, daß das Dienstbotenzimmer in der elterlichen Villa, welches für uns Kinder immer schon eine merkwürdige Faszination ausgeübt hatte, so direkt unter der Treppe gelegen und also in die Gänge der Bewohnerschaft einbezogen, akustisch allemal (bereits am Hall der Schritte etwa der illustren und der beim Abgang oft auch illuminierten Gäste einer Abendeinladung im Salon des ersten Geschoßes, also bereits am AuftrittsSchall der Kommenden und Gehenden war schon damals so etwas wie die Position und der Bewegungsspielraum der Paare und Pärchen im Sozialballett dieser mediokren mittelgroßen Stadt abzulesen gewesen, deren Familiengeheimnisse und Beziehungsabgründe wir als Kinder nur erahnten), da erfuhr ich also, daß dieses Kabäuschen unter der Treppe zu beziehen sei, u.z. für eine Person, die sich als Hausfaktotum vor allem in Zeiten der Abwesenheit der Herrschaft um Anwesen und Garten zu kümmern hätte, eine Stellung wie geschaffen für einen erfahrenen, vertrauenswürdigen, nicht allzu jungen Allrounder mit Manieren und handwerklichen Fähigkeiten, Umsicht und Eigeninitiative, ich habe also meine bisherigen Engagements ausgesetzt / auf Eis gelegt / sistiert und bin dieses eine Engagement quasi zum Schein, aber doch ernsthaft, wenn auch limitiert, eingegangen und so hause ich jetzt unerkannt bereits 9 Monate im Vater / Mutterhaus, Alex ruft man mich bei den entsprechenden Anlässen, man behandelt Herrn

Alex im allgemeinen nicht schlecht, hält ansonsten auf standesbewußte Distanz und läßt meine Absonderlichkeiten als Schrullen durchgehen, ich bin es also und ich bin es gleichzeitig nicht, ein sonderbarer Einleger, Einsiedler, Grubenhunt, Schweigemönch, heiliger Narr, übergossener Pudel

könnten Sie mir heute ausnahmsweise in Küchendingen zur Hand gehen, lieber Alex, rief die Herrin Mutter eines Tages vom Fenster des Ankleidezimmers herunter, die Köchin ist noch nicht da und ich will die Vorbereitungen rechtzeitig treffen, da wir heute eine beträchtliche Zahl von Gästen erwarten, würden Sie bitte zuerst den Rotwein in die Karaffe dekantieren und mir dann Basilikum, Liebstöckl und chinesische Petersilie je ein Büschel frisch gepflückt von den Beeten hereinbringen, und es war nicht nur der Anblick und Duft dieser Ringelblumen, Kapuzinerkressen und überreifen Tomaten, der mich mit einemmal wieder vertraut umfangen und bestrickt hat, quasi wehrlos gemacht in bezug auf den Horror der täglichen gutbürgerlichen Notwendigkeiten, Zutaten, gesellschaftlichen Accessoires und GehörtSichs, fast wäre ich samt den grünen Büscheln in Händen dieser Frau einfach um den Hals gefallen, um mich ihren ungläubigen Augen und Ohren zu erkennen zu geben, weißt du noch damals der schlecht verheilte Knöchelbruch am rechten Fuß nach dem falschen Sprung, so aber bemühte ich mich, schnell aus ihrer unmittelbaren Nähe zu gelangen und mich zu neuen untergeordneten Aufgaben zu entfernen stellen Sie bitte abends, wenn die Sonne nicht mehr direkt hierher scheint, den automatischen Sprengmechanismus für den Rasen an, Alex, schärfte mir der alte Herr vor der Abfahrt ins Alpendomizil ein, das tschechische Hilfsgärtnerehepaar habe heute Ausgang, und prüfen Sie die Einstellwinkel und Besprühungs-Radien, die BriefPost bitte für diese Woche aus dem überquellenden Postkasten hereinschaffen, ungelesen versteht sich

ich habe es mir zur Aufgabe gemacht, ja zum täglichen Exerzitium, über die 5 Stufen, unter denen ich hause, zu meditieren, ich fünfere also quasi täglich, über die Zahl der Ehe, die die maskuline 3 mit der femininen 2 verbindet, über das Fünfstromland (Punjab / Pandschab) mit seinen Quellen / Querelen und Aufständen, über den Pinsch, den Punsch, das Pantscherl, den Quintenzirkel und die halbtonlose Pentatonik (d-e, g-a, c), von den 5 Tibetern, den klugen und törichten Jungfrauen, von der Quintessenz und von Chanel Nr. 5 ganz zu schweigen, jaja am 5. Wochentag, also dem Freitag, soll man kein Weib und keinen Mann nehmen noch eine Reise antreten, denn an diesem Tag betreuen die Erinnyen den Orkus, ihrerseits 3 an der Zahl (Alekto, Megära, Tisiphone), diese meine täglichen Meditationsstunden verteidige ich mit Zähnen und Klauen (32 und 8), das heißt ich wehre mich gegen Störungen mit Händen und Füßen (2x5 Fingern und 2x5 Zehen), ich verrichte meine 5 täglichen Pflichtgebete und esse laut Empfehlung 5x am Tag eine Handvoll Obst und Gemüse von der Haushälterin mißachtet und von der Putzfrau wie der letzte Dreck behandelt (klar daß so jemand wie ich einem alles ergreifenden Reinigungsfuror immer im Weg steht, sitzt oder liegt), dermaßen traktiert sehe ich umso deutlicher in die historischen Tiefen und aktuellen Plattheiten meiner Existenz hinein respektive wische ich darüber hinweg

dann wird wohl eines Tages eigens für mich dieser vornehme Besuch aufkreuzen, mit Krone, Mithra oder Tiara, und das wird mich einerseits ehren und andererseits zugleich nachdenklich stimmen, heißt es doch in der Folge abtreten aus dieser Welt, unter Hinterlassen eines ErkennungsZettels, der die Überlebenden zuerst in Verwirrung stürzt und dann wohl in Beschuldigungen mir und meinem Täuschungsmanöver gegenüber ausbrechen läßt, womit wieder alles seine rechte Ordnung haben wird

Selbstportrait mit dem hl. Antonius (Eremita)

zur Einstimmung vorgestelltes Erklingen der Motette **Antoni usque limina** *des spätmittelalterlichen Komponisten Antoine Busnois mit strophenweise hineingesprochenem deutschem Text (voice-over)*

ANTHONI USque limina
orbis terrarumque maris
et ultra qui vocitaris
providentia divina
qui demonum agmina
superasti viriliter
audi cetum nun omina
psalentem tua dulciter

Et ne post hoc exilium
nos igneus urat Pluto
hunc ab Orci chorum luto
eruens fer auxilium
porrigat refrigerium
artrubus gracie Moys
ut per verbi misterium
fiat in omniBUS NOYS

Antonius, der du von fernen Enden
der Länder und auch der Meere,
ja selbst von weiter noch her
die göttliche Weisheit herabrufst,
der du Dämonenscharen
durch Kraft und Stärke besiegtest,
höre den Lobgesang,
den süß dir zu singen wir kommen.

Und damit nicht Pluto (der Teufel) im Feuer uns ganz und
gar verschlinge,
nachdem er unsern Gesang den Sümpfen des Orkus entrissen,
send uns deine Hilfe,
laß unsere Glieder in Kühle sich strecken,
in den Wonnen des Wassers,
sodaß durch das Wunder des Wortes
für alle Erkenntnis werde

Anthoni usque limina: dieser rätselhafte Lob- und
Bittgesang für seinen Namenspatron stammt vom
flämisch-burgundischen Sänger und Komponisten
Antoine Busnois (1430-1492) an der Schwelle vom
Mittelalter zur Neuzeit, die Anrufung erfolgt in einer
durchimitierten 4-stimmigen Motette für Männer-
stimmen (Tenor, Bariton und 2 ContraTenöre) mittels
gereimtem mittellateinischem Gedicht aus 2 Stro-
phen zu je acht Zeilen, jede Zeile zu acht Silben, in die
der Komponist am Anfang und Schluß seinen eigenen
Namen eingebaut hat (also ein buchstäbliches Selbst-
porträt mit dem hl. Antonius), 3 Stimmen der Motette
sind notiert, die 4. nichtnotierte besteht aus einem
Rätselkanon und einer mittig abgebildeten Glocke
samt Tau-Kreuz als Griff, wie sie der hl. Antonius als
Attribut auf den Bildern benutzt, diese Glocke wird
auch mehrmals im Kanonverlauf angeschlagen (Dank
für den Hinweis auf Antoine Busnois an Hannes Krisper aus Steyr)

– mir träumt der Satz: Antonius erträgt es für eine
ganze Reihe von Tagen / eine Kapuze über den Kopf
gezogen zu tragen
– mir dagegen bereitet es Schwierigkeiten, mich

unter einer Anorakkapuze durchs Gelände oder im Stadtverkehr zu bewegen, gleich beim Überziehen verstärkt sich dabei das Gefühl, es käme von hinten oder seitlich jemand mit oder ohne Fahrzeug heran, der einen zu verfolgen oder einem übel mitzuspielen trachtet, zumindest nachschreit, und sei es mit vorerst körperloser Stimme, gegen die man sich nicht wappnen und wehren kann, den Hals sowieso reflexhaft eingezogen und das Haupt vornübergebeugt

– da erwächst dem Antonius mitten im Leben (oder auch erst im vorgerückten Alter) wie aus dem Nichts entsprungen und als zusätzliche Herausforderung ein neues Vorbild und zugleich ein weiterer Konkurrent, älter und heiliger als er selbst, nämlich **Paulus von Theben**, auch wenn dieser relativ ungreifbare Wüstenvater vielleicht von ihrem Biographen Hieronymus nur erfunden worden ist, um einen weiteren beispielhaften Anachoreten in die ägyptische Wüste zu setzen, als eine Gestalt, in der die Auferstehungskraft des Auferstandenen vervielfältigt weiterlebt (was ja der Sinn der frühen Heiligen zu sein scheint: nämlich die Verheißung der allgemeinen Auferstehung und den Wunsch, möglichst schnell dorthin zu kommen, weiterzutragen), und um mit dessen Vita einen weiteren Bestseller in der spätrömischen Antike zu plazieren, Matthias Grünewald stellt auf seinem Besuchsbild des **Isenheimer Altar**s die beiden betagten Männer Antonius und Paulus (als vermutete Realporträts von Zeitgenossen aus dem frühen 16. Jh.) im Freien vor DattelPalme und Felsentor an einer Quelle sitzend dar, zwischen ihnen hat sich eine Hirschkuh niedergetan, hinten äst ein Kronenhirsch vor grüner Aue, an der Quelle vorne wachsen die Heilkräuter für den Antoniuswein oder für den Antoniusbalsam (die beide gegen das Antoniusfeuer angewandt wurden, ersterer auch über die nach Frankreich transferierten hl. AntoniusKnochen gegossen), und von oben zwischen modrigen Baum-Ästen fliegend bringt ein plumper Rabe das tägliche Brot herbei, diesmal wohlweislich eine Doppelportion (wie ein Paarlbrot aus Südtirol) im Schnabel, das frühest datierte Grünewald-Bildwerk sind übrigens die 2 Außenseiten des **Flügelaltars von Lindenhardt** (bei Bayreuth) mit den 2 mal 7 feingestaffelten und teils hintereinander vorlugenden 14 Nothelferinnen und Nothelfern (1503)

– das Gesprächsmotiv (Antonius mit einem anderen Heiligen) taucht auch in einer späteren Sage aus dem Trentino im Zusammenhang mit dem jährlichen Perseïden-Sternschnuppenschwarm Mitte August wieder auf: dort unterhält sich Antonius mit dem Erz-Märtyrer **Laurentius**, einem Zeitgenossen aus dem 3. Jh., der ins Gespräch vertieft aufs Löschen der Sternschnuppen vergessen hat und bekanntlich später in Rom geröstet wurde

– *ihn* (Antonius*) überkam eine neue, ungeahnte Empfindung, nämlich den Ort im Gebirge, an dem er sich schließlich niedergelassen hatte, zu lieben, ja sein Aufenthalt im Gebirge war ihm über alles lieb und er ließ* *sich zeitweise von zweien seiner Helfer gegen unliebsamen Besuch abschotten*

– Frage: wie kann ich selbst im Gebirgssommer als quasi öffentliche Person den Erwartungen der Almbesucher adäquat begegnen, ohne jemanden überreagierend zurückzustoßen respektive durch falsches Entgegenkommen zu Übergriffen zu ermuntern, wie wären im Handumdrehen die Fehlvorstellungen auch vom profanen einsamen Leben zurechtzurücken

– **Antonius** (Daten: 251-356, also 105 Jahre gelebt), dieser ungebildete, doch mit Verstand und Weisheit begabte Kopte, Stern der Wüste, Vater des Mönchstums, einer der 4 Marschälle in der Nothelferverehrung des rheinischen Katholizismus, tritt uns in der zeitgenössischen Lebensbeschreibung (des gelehrten Patriarchen **Athanasius**, Vater der Orthodoxie) weniger als historische Figur denn als ein Beispiel für konsequente Lebenspraxis entgegen, anstelle einer zeugnisgebenden Biographie im beglaubigten Sinn also eine TugendRede (*Aretalogie*), jene literarische Gattung mit festen Kompositionsregeln, die auch sonst im heidnischen Altertum beliebt ist (Philostratos zu Apollonius von Tyana, Jamblichus zu Pythagoras), wie die heidnischen Weisen in ihren Lebensbeschreibungen gebietet auch der christliche Wüstenvater den Elementen Einhalt, er wendet Plagen ab, er zähmt wilde Tiere, vollbringt Wunderheilungen, treibt Teufel aus, spricht mit Engeln, überwindet die Anfechtungen der Dämonen (hier mit Blick auf Christus und die rettenden Heerscharen), er hält grundsätzliche Ansprachen an andere Einsiedler und an Besucher, es geht in seiner Vita (die als früher handkopierter Welterfolg von Alexandria aus auch zu den Mönchen und reichen Witwen im Westen verschifft wurde) um Erbaulichkeit durch verblüffende Details und Anekdoten, oder wie man gesagt hat: die **Hagiographie** war in ihren Anfängen eine Form der **Trivialliteratur**, wie heute der FeuilletonRoman

– in Ulrichskirchen bei Wolkersdorf zeigt man am Antonius-Hauptaltar einen Bodendurchlaß/Schluf, durch den am Patroziniumstag (17. Jänner) von außen die **Schweine** herein und am Altar vorbeigetrieben wurden, das Antoniusattribut Schwein steht als Zeichen für sein anfängliches Wohnen im Schweinestall, für seine Tierliebe überhaupt, aber auch als Zeichen des Privilegs der freien Weide für den Antoniterorden, der sich seit dem 12. Jh. der Krankenpflege widmete, vor allem der Heilung des Antoniusfeuers infolge Mutterkornvergiftung, des sogen. Kornbrands (der damalige Pfarrer von Ulrichskirchen hat den Besuchern nicht nur den Schweinedurchschlupf, sondern auch noch das Idealporträt der Schleinbacher Stigmatisierten **Juliane Weiskircher** gezeigt, sowie eine von ihm zuerst eigenhändig zugemalte *Madonna lactans*, die er dann auf Wunsch der Gemeinde wieder rückrestaurieren mußte)

– so oft er essen, schlafen und den übrigen **Bedürfnissen des Leibes** *Rechnung tragen mußte, empfand er es wie Scham, indem er dabei das geistige Wesen der*

*Seele erwog; oft wenigstens, wenn er mit vielen anderen
Mönchen bereits zu Tische saß und nun sich der geistigen Nahrung erinnerte, entschuldigte und entfernte er
sich, indem er meinte erröten zu müssen, wenn andere
mit ansahen, wie er Speisen zu sich nahm*

– wenn ich eingeladen bin, im Kloster etwa mit dem
Konvent zu essen, und obwohl als Gast fürsorglichst
bedient, bleibt doch angesichts der Geschwindigkeit,
mit der die Brüder das Mittagessen hinter sich bringen (nur gelegentlich scheint dabei einer von ihnen
vom Lesepult geistliche Texte zu lesen) das ungute
Gefühl, daß man hier nicht wirklich gesund ißt, daß
eher der Spruch gilt: *wie bei der Arbeit, so beim Essen,*
als hätten sich alte Mißachtung der Leibesbedürfnis-
se und neuer Streß auch hinter Klostermauern unbe-
merkt und wie beiläufig zum Ungesunden verbündet

*– niemals hat er seinen Körper gebadet, um ihn von
Staub und Schweiß zu reinigen, noch wusch er jemals
die Füße oder ließ sie überhaupt ins Wasser kommen,
außer wenn er notgedrungen durch solches hindurch-
waten mußte, hat also alle Annehmlichkeiten für den
Körper weit von sich gewiesen, die Salbung der Glieder
sowieso*

– das durchgetragene einzige Hemd des Viehhirten
konnte man in den Alpen nach Ende der Saison weg-
stellen und es blieb stehen, Mißachtung des Sanitären
und fortschreitende Verwahrlosung gehen allerdings
unmerklich Hand in Hand, einmal die Woche im Berg-
see zu baden wäre wünschenswert, aber es kommt
nicht dazu (Ring der Sauberkeit identitätsstiftend),

der Pirschführer erzählt von einem Jagdgast, der frühmorgens stets unangenehme Verzögerungen beim Aufbruch hervorruft, weil er sich an allen möglichen Körperstellen umständlich einschmieren muß, hier wie im Sport gilt vielleicht: *wer rasiert, verliert*

– an den Pfeilern des rechten Seitenaltars der **Pfarrkirche von Pürgg** (die berühmtere Johanneskapelle steht auf dem Bühel gegenüber) im oberen Ennstal sind 2 frühe bedeutsame Heilige postiert, rechts die Statue des hl. **Alexius** (Mann in den besten Jahren) mit der Treppe in der Linken, die allerdings wie ein großes Reibeisen aussieht, während er mit der Rechten ein geöffnetes Buch präsentiert, und am linken Pfeiler die Statue des hl. **Antonius** (Halbglatze, bärtig) mit großer Glocke in der Linken, wie er sich im Vorwärtsschreiten rechts auf den Kreuzstock stützt, während ein Ferkel am Zipfel seines Umhangs hinaufspringt; die Glocke in der Hand (in manchen Darstellungen sind es auch zwei Glöckchen am Querholz der Crux commissa) soll seine Ankunft vorausmelden, zur Freude der Kranken und Warnung der Gesunden, nämlich: daß der Krankenheiler kommt (der, wenn auch selbst nicht angesteckt, vielleicht Seuchen übertragen könnte), oder er wollte unterwegs einfach nur seine Ruhe vor Mensch und Tier haben

– in den Empfehlungen, wie man sich bei jetzt wieder möglichen **Bärenbegegnungen** zu verhalten habe (ein solches Merkblatt wurde nach dem Durchgang eines Balkanbären durch die Zentral- und nördlichen Kalkalpen vor ein paar Jahren von den Jagdverbänden herausgegeben) heißt es, man solle sich am Weg durch Geräusche, etwa mittels Glöckchen, bemerkbar machen, im (unwahrscheinlichen) Begegnungsfall aber Laut geben: *Sprechen Sie den Bären mit leiser und fester Stimme an*, mir ist der Bär auf dem Dachstein nicht untergekommen, allerdings konnte ich Kratzspuren außen an einem Vorratsraum feststellen, einer amerikanischen Camperin hatte man zuvor ihren nächtlichen Bärenkontakt im Ahornkar nicht geglaubt, später wurde dann auf dem Plateau ein Dutzend gerissener Schafe gefunden (die Innereien ausgeräumt), denen wohl auch eine Glocke nichts geholfen hätte

– in seiner Klause auf dem koptischen Berg Kolzym überm Roten Meer bemühte sich der Vater des europäischen Mönchstums, auch andere Gleichgesinnte zur Vollkommenheit zu führen, indem er dort etwa seinem Genossen **Paulus dem Einfältigen** (also einem weiteren Paulus) die Gelegenheit bot, sich selbst zu verleugnen, seinem Wissen zu entsagen und gehorsam zu werden (wie Christus seinem Vater gehorsam war), er ließ ihn etwa Wasser schöpfen und es auf den Boden ausgießen, er hieß ihn Körbe rundflechten und das Geflochtene dann wieder aufflechten, er befahl ihm, zu nähen und das Genähte wieder aufzutrennen, all das soll dieser Paulus ohne Widerrede, gar ohne jede Bemerkung ausgeführt haben
– auch wenn man weiß, daß alles sofort wieder in Brüche und kaputt geht, heißt es doch die Socken- und HosenLöcher ständig zu stopfen, die lecken Zäune im-

mer wieder auszubessern, die hereinfallenden Steine von den Weidegründen auszuklauben, die leergeleckten und ausgewaschenen Wildsulzen mit Salzkernen zu füllen, die aufschießenden jungen Latschenbüschel bei aufgeweichtem Boden von Hand auszureißen, die täglichen Kuhfladen aus dem Nahbereich der Wasserquelle zu entfernen, die allerorts wieder zuwachsenden Wege mit Hand- und Motorsäge auszuschneiden und sich nicht zu wundern, daß man nachher rein äußerlich so gut wie nichts von den Folgen dieser Sisyphusarbeiten (ist immer schon so gewesen) wahrnimmt

– ohne daß du dir das eingestehen willst, **lieber Anton** (so alteriere ich mich: eine dir wohlbekannte Stimme), ohne daß du das wahrhaben willst, hast du die Klause im Gebirge nicht nur zu einer Stätte des Entzugs, sondern auch zum Ort subtiler Eroberungen gemacht (was die Inszenierung der Geisteskräfte, deine Reputation nach außen und den Zulauf an Verehrern und Verehrerinnen betrifft)

– einerseits verzichtest du, **lieber Anton**, auf die Annehmlichkeiten des TalLebens wie Menschen- und Warenkonsum quasi rund um die Uhr (*diese Unterwäsche ist eine Versuchung auch für Engel: Aimée, Chamade, Obsession, und wie möchten Sie heute sein: geheimnisvoll, leidenschaftlich, romantisch?*), andererseits fliegen dir in die relative Abgeschiedenheit neue und intensivere Aufmerksamkeiten zu

– da tritt dir, **lieber Anton**, wie aus dem Traumgeschehen vorgeformt, die ferne Königin mit ihrem

Reichtum an Versprechungen entgegen, und das tut sie nicht als abgehobene *femme fatale*, sondern ganz selbstverständlich in deinen Umkreis passend, sie hat dich auch schon so unverschämt, wie du es dir nur wünschen kannst, in ihr Sehnsuchtskalkül einbezogen, die Sache mit dem Pferde- oder Ziegenfuß, wie es die Maler durch die Jahrhunderte beim Dämon der Fleischeslust so gern darstellen, könnte ja in jeder innigen Realverbindung eine Rolle spielen und ließe sich im Vollzug immer wieder zur gegenseitigen Zufriedenheit wegretuschieren, das heißt, wärst du schlau und weniger ängstlich-hochmütig, könntest du schon zugreifen, denn so oft geschieht dir solch ein Angebot im Leben nicht

– dann sind da neben den sinnlichen die intellektuellen Avancen in Form von vielfältigen rudimentären Kopfkonzepten, als weitergedachte LektüreFrüchte wie durchrüttelnde Windstöße in den jetzt gar intergalaktischen Gedankenraum gesetzt, gefinkelte Welterklärungsmodelle und Orthodoxiedebatten, was den rechten Weg und die linke Nachfolge in diesem Leben fürs ewige Leben betrifft

– dein rituelles und hygienisches Fasten verhindert wenigstens halbwegs, daß du kontaminierte Nahrungsmittel zu dir nimmst, und wenn ich dich richtig verstehe, **lieber Anton**, möchtest du mir in all deiner forcierten Gottesgewißheit und fröhlichen Gottverlassenheit nur dies eine bestätigen: daß es, solange wir atmen, auf die tägliche Neugeburt ankommt, so als müßtest du dich immer wieder mit eigener und fremder Hilfe aus dir selbst und deiner Eingeschlossenheit herausstülpen und als würden dir diese im letzten vergeblichen Versuche eigentlich auch schon genügen

Blasius

Biagio, Vlasij, Basilius, dieser armenische Bekenner von den Gestaden des Schwarzen Meeres aus der Zeit der diokletianischen Verfolgung (Sebaste ist das heute türkische Siwa) bietet das typische Beispiel für einen Heiligen, dessen kompilierte, aus anderen Quellen entlehnte (ätiologische) legendenhafte Vita den Mangel an historischen Tatsachen über die Person durch ebendiese Übernahmen (Parallelpassio des Stadtpolizisten Irenarchos und eines Akakios/Achaz? mit 2 Kindern, 40 Märtyrer …) zu kompensieren sucht, Blasius kann aber auch als Exempel für die Ersetzung eines vorchristlichen Kultes durch einen neuen Ritus dienen (dort, am Ufer des sebastenahen Sees, heute nur mehr eine feuchte Wiese, fand an einem heidnischen Grab die jährliche ***lavatio idolorum***, eine Art rubenssches Venusfest statt, mit Priesterinnen in den weißen Kleidern der Artemis und Athene, welche die Götterbilder wuschen und wohl anschließend trockenrieben (siehe die identischen Bilder im Kunsthistorischen Museum Wien oder auf dem gudenusschen Schloß Felling/Niederösterreich), in der Blasiuslegende dagegen bedingen sich die 7 bekennenden Frauen, die zuvor das Blut des ausgepeitschten Blasius gesammelt und sich dadurch als Christinnen zu erkennen gegeben hatten, vom heidnischen Statthalter Agricolaos, der von ihnen die Huldigung verlangt, aus, die alten Götterbilder ans Gestade tragen zu dürfen, um sie dort gebührend zu verehren, allerdings versenken sie die Götzenbilder dann ungeniert in einem Sack in der Tiefe, daraufhin werden sie mit eisernen Weberkämmen zerfleischt, doch aus ihren Leibern fließt Milch statt Blut, das Bedürfnis nach sadomasochistischem Aktionismus für beide Seiten ist fürs erste gestillt, Engel stärken die gemarterten Frauen, und als man sie anschließend in den Feuerofen befördert, weicht das Feuer vor ihnen zurück und sie werden aus dem Ofen hinausgeschleudert, während der ein zweitesmal ausgepeitschte Blasius dann in den See geworfen wird, dessen Wasser nach seiner Segnung aber erstarrt und den Heiligen trägt wie eine Brücke, nicht aber die 68 Männer, die ihn von dort holen sollen (diese Nichtschwimmer gehen unter), am 11. Februar wird er dann enthauptet (das Jahr ist nicht genannt, von den beiden tradierten Terminen scheint der spätere (316) der wahrscheinlichere, da war Licinius Halbkaiser im Osten), als historischer (wenn auch nicht belegbarer) Kern seiner Vita gilt wenig, vor allem seine *krypteia* in einer Höhle des Argaiosgebirges südlich der kappadokischen Hauptstadt Caesarea, wo er wilde Tiere geheilt und gesegnet haben soll, wo ihn die Häscher des Statthalters aufstöberten und zur Enthauptung führten (3.2.), gilt als Beschützer der Haustiere und Wunderheiler bei Halskrankheiten/Verkühlung, Kehlschwellung, Stimmverlust, mit 1 Kerze oder mit 2 gekreuzten Kerzen dargestellt, die seinem Kult gewidmet sind, allgemein für die Atemwege, bei Erstickungsgefahr, etwa durch eine Fischgräte (denn er hat, selber schon im Gefängnis, einen Muttersohn von so einer Fischgräte befreit), er verschafft einer armen Witwe das **Schwein** wieder, das ihr ein armenischer Wolf entrissen hat, diese bringt ihm dann im Gefängnis den gedünsteten Schweinskopf und die Schweinshaxen, worauf ihr Blasius befiehlt, sie solle alljährlich ein Schwein zu seiner Gedenkfeier/also zu Blasi Gedächtnis auf gleiche Weise zubereiten (am Blasiustag wurden früher im Stift Admont die Schweine geweiht), Joseph II. hat den Blasiussegen als unwürdige und unsinnige Veranstaltung abgeschafft

in der Blasiuslegende sind folgende 10 literarische Klischees und Motive verarbeitet, welche die historischen Lücken zu füllen versuchen, quasi Elemente eines standardisierten Erzählformulars (nach Pater Raphael Albrecht Friesacher OSB, Admont-Hall 1989):

1. Streitgespräche zwischen Märtyrern und Beamten
2. Schmähung der Märtyrer gegen die falschen Götter und deren Gläubige
3. Bekehrung eines der Schergen (Gendarmen)
4. der wie ein Löwe brüllende Beamte
5. Milch fließt statt des Blutes aus den Adern der geschundenen Bekenner/innen
6. eine Stimme vom Himmel, welche die Märtyrer stärkt
7. ein Feuerofen, dessen Feuer vor den zu Verbrennenden zurückweicht (Daniel 3, 1-97)
8. Vorwurf der Hexerei
9. Gebet im Augenblick der Hinrichtung
10. Märtyrer wandelt auf den Wasserfluten, in denen er ertrinken soll

die Vornamen **Blasius** *et Benedictus* werden von P. Karlmann Fürholz (dem Admonter Abraham a S. Clara) so anagrammiert:

sub alis *tenebit decus*
Unter diesen Flügeln Schutz
Bleibt dem Stifft der Seegen /
Dann ja alles / was ihm nutz
Bringen Sie zuwegen.

›*Einblaseln*‹: beim Blasiussegen (seit dem 16. Jh.), dem ›8. Sakrament‹, hält der Priester zwei geweihte brennende Kerzen gekreuzt vor Gesicht und Hals der Gläubigen/der beeindruckten Kinder und spricht dabei folgende Worte: *durch die Fürbitte des hl. Bischofs und Märtyrers Blasius befreie dich Gott von Halskrankheit und jedem anderen Übel im Namen des Vaters …*, es gibt Blasiusbrot, Blasiuswasser: einen Blasibrunnen bei Losenstein, Blasiwein am Braunsberg bei Lana, die ›*Blasin*‹ ist die größte (und tiefste) Glocke im Nordturm der Stiftskirche Admont, sie deckt auf ihrer Seite alle Töne der anderen Glocken zu, Blasius mit seinen Feierlichkeiten fällt auf den Folgetag von Maria Lichtmeß, also auf den Termin für einen etwaigen Stellungswechsel des bäuerlichen Gesindes, da hieß es den ausgezahlten Jahreslohn gut beisammenhalten, *wenn's an Blasius stürmt und schneit, ist der Frühling nicht mehr weit*

Jesus

Sindone

eines der künstlerischen und spirituellen Hauptwerke der zentralen Domkirche der Stadt Wien und des ganzen Landes ist der (für diese im 19. Jh. erworbene und dann mehrfach versetzte) Sakramentsaltar im (linken) Frauenchor, der sogenannte **Wiener Neustädter Altar**, eine Stiftung des (späteren) Kaisers Friedrich III. aus dem Jahr 1447 an die Zisterzienser im damals steirischen Wiener Neustadt, 1447 ist die Jahreszahl (in gotischen Ziffern ausgeführt, also die 4er als halbe 8er und der 7er gekippt), die gemeinsam mit der (mehrfach interpretierbaren) Vokal-Akronym-Devise A·E·I·O·V·1447 A·E·I·O·V·1447, also zweimal, auf weißem Feld in roter Umgebung erscheint, und zwar über den mittleren beiden der 8 identischen Maßwerkfensterchen, die Anordnung der beiden Devisentafeln auf dem oberen Rahmen der durchbrochenen FensterchenReihe hat in ihrer Strenge und Minimalistik bei allem rotgoldenen Prunk etwas Traurigmachendes an sich (ein wenig so, als stammte dieses Altaraufsatzgehäuse aus stilreplizierender neugotischer Zeit), dieser längliche leere Reliquienschrein dient zugleich als *Predella* (Unterbau) für das eigentliche *Retabel* (Altaraufsatz) und ist mit zwei eigenen (auch doppelseitig szenenbemalten) schmallangen Holzflügelchen (von rechts und links her) schließbar,

darüber erhebt sich das eigentliche Retabel (der vier-
flügelige **Wandelaltar** als eminenter Hintergrund für
das Altarschauspiel darunter und davor) mit je einem
Paar beweglicher hoher Doppelflügel, ist also zweimal
öffenbar und schließbar, der Flügelaltar bleibt kom-
plett geschlossen an Werktagen: da sieht man außen
24 Heilige auf dunklem Grund gemalt, er wird einmal
geöffnet an Sonn- und Feiertagen: dann erscheinen
48 Heilige auf Goldgrund, und man sieht schließlich
in einem weiteren Schritt das Innerste geöffnet an
Hoch- und Marienfesten: jetzt sind die buntgefaßten
Schnitzfiguren (bei vorherrschendem Weiß) aus dem
Marienleben zu sehen, diese merkwürdig gestauchten
heiligen Gestalten sind mittig und an den Seiten-
teilen voll- bzw. halbplastisch ausgeführt, und eben
diese eigentlich innerste (vorbehaltene) Schauseite
ist zur Zeit ständig offen, mit ihren zwei Registern
hochgestischen Figurengewimmels samt miniaturi-
sierten Assistenz- und Beifiguren und schützenden
Baldachinchen

wenn Sie etwa als Kunsthistorikerin oder laienhaf-
ter Kunstliebhaber diesen geschnitzten Marienaltar
(überraschenderweise ohne Darstellung der Ver-
kündigung) aus der Nähe anschauen oder/und z.B.
auch Ihren Kindern zeigen wollen, weil Sie vielleicht
vorher schon am postkartengroßen Papierklapp-
modell (im Domshop erhältlich) auf die raffinierten
Möglichkeiten dieser Heiligen- und Heilsgeschichte-
Darstellung hingewiesen worden sind oder selbst hingewiesen haben, dann pfeift man Sie vor Ort gewiß

zurück, macht Ihnen eindringlich Ihre Übertretung klar und scheucht Sie definitiv hinter die Seilabsperrung weit retour ins Kirchenschiff, dort können Sie dann den vielleicht vorsorglich mitgebrachten Feldstecher benützen oder auf eine Führung warten (bei der jenes neue **Schattenplatten-Tabernakel** des Kurt Straznicky, auf das es hier ankommt, wohl kaum Beachtung finden und erklärt werden wird), oder Sie versuchen es bei speziell glaubwürdig zu machendem Interesse für nächstes Mal mit einem Anruf in der Kirchenmeisterei (Hauptmesner Franz Weinwurm Tel. 01-51552-DW-3766), um die erforderliche Erlaubnis einzuholen, was im positiven Fall dem Aufsichtspersonal mitgeteilt wird, das Sie dann nur mehr kurz kontrolliert

den meisten Besuchern und Andächtigen wird das diskret goldfarbene vierteilige Tabernakel, welches genau unter dem achtteiligen Reliquienhäuschen auf dem eigentlichen Altar positioniert ist, nicht eigens auffallen, richten sich die Blicke doch vor allem auf die Hauptfiguren des Frauenaltars mit der doppelten Marienkrönung darüber oder gleich auf den Riesenstern am Himmel des Dreikönigsbesuchs (rechter Flügel), und wer im Hauptschiff etwa an einer Mittagsmesse teilnimmt, wird sich vielleicht wundern, daß die Assistentin vor der KommunionAusteilung zu diesem Tabernakel unterm Schnitzaltar ins linke Schiff hinübergeht, den Schlüssel dreht, die goldenen Mittelplatten mit den jetzt kaum mehr wahrnehmbaren Schattenrissen zu sich her aufklappt und die konsekrierten Hostien im Ziborium dort aus dem Dunkel der Hauptöffnung herausholt, um sie ans zentrale Speisgitter und Geschehen herüber zu bringen und (begleitet von den mäßigen Klängen der Chororgel) an die Kommunizierenden mit auszuteilen, jeder (auch auswärtige) Priester, der an einem der Altäre von St. Stephan Messe liest, wozu er aus der Sakristeitür rechts hinter dem Wiener Neustädter Altar heraustritt, holt sich den vervielfachten oder geteilten LEIB CHRISTI aus diesem in die Breite geschwungenen (kantig auslaufenden) Tabernakel heraus oder läßt ihn sich von dort bringen

also sag, wie hast Du diesen Auftrag bekommen, wird der Künstler (Bildhauer und Anatom) oft verwundert gefragt, und er verweist meist auf seine vorangegangene Restauriertätigkeit an den herausgehobenen romanischen Steinfiguren der Außenwand und im Tympanon des Riesentors gemeinsam mit Bildhauerkollegen vor einigen Jahren und auf die Kontakte, die sich daraus ergeben haben, was aber nicht als hinreichend erschöpfende Auskunft akzeptiert wird

da man ja kaum Gelegenheit hat, sich die Konstruktion des Tabernakels aus der Nähe anzusehen, sei darauf hingewiesen, daß die flache Form der Schauseite dieses so scheinbar einfachen wie überzeugenden Kunstwerks eine durchdachte Rückseite hat, nämlich einen geschwungenen Holzkorpus, der in den steinernen Altarsockel hinten eingelassen ist und in einer annähernd trapezförmigen Kammer das

Allerheiligste birgt, und wäre dieser dunkelgefärbte zu einem Breitband geschwungene Holzkörper nicht im Hintergrund der darauf applizierten schwebenden Glasflächen angebracht, könnte man das Doppelbild (oder die beiden Bilder) auf den vier siebbedruckten Glasplatten gar nicht richtig sehen, so aber wird genau dort, wo keine Goldfarbe aufs Glas aufgebracht ist, das Zweifachbild einer liegenden Figur erkennbar, links die Vorderseite/Oberseite (mit seitlich angelegten Armen und im Schoß verschränkten Händen) und rechts die entsprechende Rückseite/Unterseite, nämlich die **Spuren einer männlichen Leiche** wie schemenhaft auf der Auflagefläche abgedrückt und zum Beschauer in die Senkrechte hochgeklappt, Haupt und Torso haben auf den zwei quadratischen Platten der Mitte Platz gefunden, wobei sich die beiden Köpfe exakt an der mittleren Trennfuge berühren (das heißt eben nicht berühren, denn genau dort werden die Tabernakeltürflügel ja geöffnet), auch handelt es sich nicht um zwei Köpfe, sondern um ein und denselben Kopf und Oberkörper, einmal *en face* und einmal *a tergo* zu sehen, das ließe uns selbstverständlich auch dann, wenn wir nie etwas vom *sindone* gehört hätten (bei einem Turiner Kirchenbrand ist es bekanntlich im letzten Augenblick gerettet worden), an die Umrißspuren auf einem untergelegten und auf einem darübergestreiften Tuch denken, also an einen lose in eine Stoffbahn eingeschlagenen (und nicht umwickelten) Korpus, übrigens lassen sich die Fußspitzen am jeweils äußersten rechten und linken Ende, da dort die äußeren (horizontal rechteckigen) Goldplatten über den dunklen Hintergrund hinausragen, nicht mehr deutlich ausnehmen, und es bedarf jetzt nur mehr eines augenblicklichen AHA-Effekts, um in dieser röntgenologisch bemerkenswerten Darstellung das Sandwich-Bild des **Turiner Leichentuch**s zu erkennen: schon vernehmen wir das tausendfach geflüsterte LEIB CHRISTI, LEIB CHRISTI und imaginieren die zugehörige Präsentationsgeste, verfallen vielleicht sogar in jene Konzeptionsverzückung, die mit dem gereinigten Akt des GottEssens verbunden sein kann, aber wie ist es möglich, daß sich der zerschundene LEIB CHRISTI diesem Leintuch aus Südfrankreich, wo es zum ersten Mal faßbar wird, eingeprägt hat, nämlich im Gegensatz zu den Blut- und Serumspuren nur an der Oberfläche des Gewebes, und was ist von der RadiokarbonMethode zu halten, die das Stoffstück ins Mittelalter datiert, stillschweigend sollen vor kurzem spätere Flicken entfernt worden sein, oder vielmehr neue Flicken von Nonnenhand aufgenäht (in Abständen werden auch immer wieder Meldungen über neue Untersuchungsergebnisse laut, für 2010 ist die Neupräsentation des Tuchs der Tücher in Turin angekündigt), und an welche Reisestationen dieses Reliquiums führt eine Analyse der Pollen von endemischen Pflanzen, die das Tuch mittransportiert hat, zurück, und was könnte es mit dem zeitverschiebenden Auferstehungsblitz auf sich haben, so er sich wirklich in die obersten StoffFasern eingebrannt hat

ach ja, so etwas konnte bislang nur im Film (THE BODY Israel/USA 2001) geschehen: daß nämlich eine

Archäologin in Jerusalem jenes Grab entdeckt zu haben meint, welches die **Gebeine des Gekreuzigten** enthält, wodurch die Sinnstiftung des Christentums als Auferstehungsreligion (laut *script*) ins Wanken geriete, allerdings dürfe man sich nach Ansicht der Exegeten den toten Leib Jesu auch nicht als mit dem auferstandenen LEIB CHRISTI identisch vorstellen, es gehe mitnichten um die Wiederbelebung eines Leichnams, sondern um den überirdischen Leib, das *soma pneumatikon*, wie bereits Thomas von Aquin feststellte, also könnten ohne weiteres originale Knochen zu finden sein und gefunden werden

siehe: da leuchtet doch das Ewige Licht vom Hängekandelaber seitlich rechts und da ruhen ja die beiden steinernen StifterGestalten auf ihrem Marmor-Kenotaph, Herzogin und Herzog, die Frau hinter dem Mann, es heißt wie auf Brautbildern einander leicht zugewandt, die Köpfe im Westen, die Gesichter schauen nach Osten (und auch die Füße sind dorthin orientiert), zur Aszension bereit, der Vorhang seitlich schirmt gegen den Blick zum Chorgestühl der HauptaltarApsis ab

ein direkter Bezug zwischen altem Flügelaltar und neuem Tabernakel scheint allein schon dadurch hergestellt, daß unsere Vorstellungskraft durch das leere 8-fenstrige Reliquiar zum **Bedenken der heiligen Knochen und verehrten Überbleibsel** angeregt wird (was war da wohl ursprünglich verwahrt oder für welche Memorabilia war der längliche Hohlraum vorgesehen?), während das goldene Doppelbildband darunter einen ebenso schemenhaften wie wirkmächtigen Verweis auf die Körperlichkeit eines historisch konkret gedachten heiligen Menschenleibs darstellt, als zu Tode erschöpfter Schmerzensmann scheint Jesus im gotischen Schnitzaltar ja nicht auf, sondern nur als Kleinkind, als krönender und Marias Seele empfangender Erwachsener sowie als MiniStatue stehend, das eigene Blut der Seitenwunde im untergehaltenen Kelch auffangend, insoweit ist durch die zurückhaltende Darstellung des zeitgenössischen Künstlers an der Wende vom 20. zum 21. Jahrhundert (= zum 3. Jahrtausend) die zentrale Botschaft am speziellen Ort der **Leibverwandlung in Liebesspeise** zusätzlich angedockt und als quasi Unterlage ins jeweilige Gesamtbild aufgenommen

wenn wir uns die vier Register der Apostel- und Heiligendarstellungen auf den erstgeöffneten Sonntagsseiten des Doppelflügelaltars vorstellen, wobei in jedem der 16 Felder je 3 Heilige frontal (oft beinspielend) samt ihren Attributen posieren (und die in den habsburgischen Landen und bei Hof beliebten Regionalheiligen **Florian** und **Morandus** sind auch darunter), dann korrespondiert der Goldhintergrund dieses dynastischen Heiligenkatalogs wohl so deutlich mit den gut 550 Jahre jüngeren sparsam goldbedruckten Glasplatten der TabernakelSchauseite, daß diese moderne Zugabe markanter als bei geöffneter Marienseite in Erscheinung treten kann und was in Anbetracht der radikalen Entrücktheit der modernen Umsetzung nicht vergessen werden sollte: sogar die Abdrücke der Geißelspuren im Grabtuch sind an den richtigen Stellen des Körpers zu sehen. Auch die Nagelwunden befinden sich am einzig präzisen Ort, nämlich in den Handwurzeln, denn so wie man den Kruzifixus immer dargestellt findet, in den Handflächen durchbohrt, wären diese infolge des Körpergewichts bald durchgerissen und wäre der Gekreuzigte heruntergefallen, sogar der Daumeneinzug infolge Verletzung des Hauptnervs soll im Tuchbild nachvollziehbar sein, woraus sich wohl Folgerungen für neuzeitliche Stigmatisierte wie Juliane Weiskircher und Therese von Konnersreuth ergeben könnten (Frage: bekommt man als intensivst Nachfolgende die Wundmale dort, wo man sie sich am Vorbild vorstellt, oder wie von selbst dort, wo sie realiter vorhanden waren)

eine 3-D-Simulation von Jesu Antlitz aufgrund der Bildspuren am Tuch hat gezeigt, daß Münzen auf die Augen des Leichnams gelegt worden waren, nach römischer Sitte, und was die Augen der Wissenschaft am Original sowie die Augen der Dombesucher und wir mit ihnen am **TabernakelAbbild** sehen können, das gilt den gläubigen Interpreten nicht nur als wahrer Abdruck des toten Leibes, sondern auch als wie immer (und sei es durch quasi fotografisches Imprägnieren der Tuchfasern) zustande gekommene Momentaufnahme beispielhafter Auferstehung

Jesus

Umspringbild

(1) entspannen Sie sich und starren Sie ca. 30-45 Sekunden auf die 4 kleinen Punkte über der Bildmitte
(2) heben Sie dann langsam den Blick auf eine Wand in Ihrer Nähe (es sollte eine glatte einfärbige Fläche sein)
(3) Sie sehen, wie sich langsam ein heller Fleck bildet (lange genug hinschauen)
(4) ein paarmal blinzeln, dann wird eine Figur im Fleck entstehen
(5) wen sehen Sie?
(6) try this a couple of times, to reconfirm ... man o man ... freaky!

Laurentius

Sternschnuppen und Wünsche

– Sternschnuppen sind Meteore mit Massen unter 10 g und gut sichtbarer, wenn auch ephemerer Helligkeit, Boliden oder Feuerkugeln dagegen haben Massen bis 1 kg und darüber, sie leuchten ausdauernder und mitunter so hell wie der Mond

(1) *wie sollte ich mir nicht wünschen, daß meinen fernen Lieben nichts Schlimmes zustoßen möge, sondern nur Gutes widerfahren, ach könnte sich doch in dieser und jener Person die geistige Verwirrung lösen, die seelische Gefährdung schwinden, die sie nicht zu sich kommen läßt, oder dürfen wir auch bei uns selbst solche irritierenden Symptome gar als erste Anzeichen eines Heilungsprozesses lesen*

– unter Schnuppen verstand man ursprünglich aufleuchtende Partikel (etwas, das brennend wegstiebt) beim Putzen eines Talg- oder Wachslichts, dessen unbrauchbares verkohltes DochtEnde auch Schnuppe hieß, wovon wieder der Ausdruck stammt: das ist mir schnuppe

(2) *das wäre schön: wenn jedes Intervall, welches ich höre, selbst spiele oder mir vorsinge, direkt in meinen Körper einginge und dort in seiner je spezifischen Weise*

*Wirkung zeigte/zeitigte, ich möchte spüren, was etwa
die Sekund bewirken kann und was eine Septime tut*

– Meteore (als Lichterscheinungen in der Atmosphäre)
werden durch Reibungswärme an Meteoroiden und
Satellitenteilen in der Luft hervorgerufen, sobald diese nämlich (mit einer Hochgeschwindigkeit von etwa
12 bis 80 km/sec) in die Erdatmosphäre eindringen/
eingedrungen sind, unter Meteoriten im engeren Sinn
versteht man die zur Erdoberfläche gefallenen Rest-
stücke solch (ehedem) strahlender Himmelskörper,
die leuchtende Bahn so eines Objekts beginnt bei ca.
100 km Höhe und endet am sogenannten Hemmungs-
punkt (siehe auch weiter unten: Laurentius), und
zwar in unterschiedlicher Höhe (gemessen von 42 bis
4 km), von dort fallen die ehemaligen Meteoroiden
und künftigen Meteorite als dunkle Körper weiter
und dringen beim Aufprall in den Boden ein, meist
weniger als 1 Meter tief

(3) *ich würde mir wünschen, daß es mit diesem Menschen und dieser Menschin weiterhin gut ginge/geht,
daß man zu einem vertieften Austausch fähiger und
bereiter wird/würde, mit dieser und jener Person würde ich gern zu einem besseren, zumindest entspann-
teren oder wenigstens neutralen Verhältnis kommen,
Charaktergrobheiten, Zumutungen und Übergriffe
gelassener parieren*

– vermutlich stürzen täglich mehrere Hundert Tonnen an Himmelsstaub zur Erde, größter europäischer

MeteoritenEinschlagskrater ist das Nördlinger Ries zwischen Schwäbischer und Fränkischer Alb mit einem Durchmesser von 24 km, beim sogenannten Tunguska-Ereignis von 1908 in der sibirischen Taiga wurde trotz vermutlichen Einschlags kein meteoritisches Material gefunden, sogar die Auslöschung der Dinosaurier wird mit einem MeteoritenImpakt in Verbindung gebracht

(4) *nein: Ressentiments sollten sich keine aufbauen oder gar verfestigen dürfen, dann schon lieber ausgewichen und gar kein (macht mich nicht heiß) manifester Kontakt mehr*

– der Meteorstrom der **Perseïden** entfaltet seine maximale Tätigkeit vom 10. bis zum 16. August, er heißt so, weil die Schnuppen scheinbar aus dem Sternbild Perseus heraus vom nördlichen Sternenhimmel zur Erde fallen, man nennt ihn (nach dem Tagesheiligen und Märtyrer des 10. Augusts) auch **Laurentius-Schwarm**, gar die Schweißperlen oder die Tränen des hl. Laurentius, dieser starke Meteoroidenstrom wird von Astronomen heute auf den Mutterkometen 109/P Swift-Tuttle 1862 zurückgeführt, dessen Schweif jeweils Anfang August die Erdbahn kreuzt, dabei stürzen Staub und Gesteinsbrocken mit bis zu 60 km/sec in die Atmosphäre und verglühen dort als Sternschnuppen

(5) *ich denke, ich war jetzt beim Aufleuchten dieses Himmelsstrichs doch schnell genug mit dem Ausspre-*

chen meines Wunsches, daß nämlich das schon Tage
lang abgängige Stück Weidevieh, dieses geländeuner-
fahrene Kalb, doch noch lebend in einem abgeschiede-
nen Winkel des Almgebiets gefunden würde / wird

– auf einer bestimmten Hochweide in der Val Suga-
na östlich von Trient, auf den sogenannten Wiesen
der Marcesina, liegt eine Unzahl von Felsblöcken
verstreut, wofür es eine sagenhafte Erklärung gibt,
die mit dem **hl. Lorenz** und einem Almkonflikt zusammenhängt: Laurentius habe nämlich in besagter
Nacht die Sternschnuppen nicht wie sonst gelöscht,
bevor sie die Erde erreichten, sondern er blieb mit
seinem Diskussionspartner, dem hl. Antonius Abbas,
weiter ins Gespräch vertieft, und so fielen die Sternschnuppen als Steine zur Strafe für den Usurpator
auf die ehedem saftigen Weidegründe, wo sie, wenn
nicht mittlerweile gesprengt und weggeräumt, noch
heute zu finden sind, eine Möglichkeit, der jährlichen Sternschnuppenstrafe zu entgehen, wäre für
Unschuldige zum gegebenen Zeitpunkt die Zuflucht
in einer nahen Höhle oder für die Nachkommen der
Verursacher ein Entgegenkommen gegenüber den
ehedem übervorteilten Kontrahenten (und also auch
deren Rechtsnachfolgern)

(6) *einer inneren Verhärtung als Folge der zunehmend*
menschenverachtenden Verhältnisse und einer nicht
zu verleugnenden Herabsetzung der Toleranzschwel-
le wie verstärkter AltersUnduldsamkeit wäre entge-
genzuarbeiten, Courage und Energie zu klärender

Dazwischenkunft wären wünschenswert, was helfen die nachträglichen Selbstvorwürfe, man habe nicht entschieden genug interveniert

– Meteoriten werden nach ihrer chemischen Zusammensetzung unterschieden, deren Vielfalt die Abstammung von unterschiedlichen Himmelskörpern widerspiegelt und deren gründliche Analyse uns viel über Aufbau und Zusammensetzung jener Körper verraten kann, von denen sie herkommen, so beispielsweise über Mond und Mars, der vom Mars stammende Meteorit ALH 84001 etwa enthält Spuren organischer Stoffe und Tausende kleiner Gebilde, von Forschern der NASA vorerst für fossile Bakterien gehalten (also wäre dieser Mars-Meteorit dann ein Botschafter vergangenen Lebens auf dem erdnahen Planeten), was in der Fachwelt nicht unwidersprochen geblieben ist

(7) *ach ja die frommen Wünsche: nämlich Bereitschaft zum vorurteilslosen Kontakt, Solidarität statt Mobbing, emotionelle Elastizität statt Beharren auf dem Standpunkt und Weitergabe der selbst erlittenen Verletzung / Zurücksetzung (spätestens an die nächste Generation), Rücksichtnahme in den Strömen öffentlichen Verkehrs, tätige Werke der Barmherzigkeit, aber doch nein: keine Überheblichkeit gegenüber den hanebüchenen Eintragungen im aktuellen Fürbittenbuch so einer vielbesuchten Wallfahrtskirche*

– es gibt einerseits Eisen-Meteorite (kennzeichnend für sie sind die feinen parallelen Neumannschen

Linien und die Widmannstättenschen Figuren mit ihrem oktaedrischen Lamellenwerk), sie haben auf der feurigen Reise bis zu 20% ihrer ursprünglichen Masse verloren, es gibt andererseits Stein-Meteorite (diese erleiden bis zu 95% Masseverlust durch Verglühen und machen 94% aller Einschläge aus) und es gibt als Übergangsglieder zwischen beiden die Stein-Eisen-Meteorite (Siderolithe bzw. Lithosiderite), man kennt weiters die sogenannten Tektite, fälschlich auch Glasmeteorite genannt, sie bestehen wahrscheinlich aus Erdmaterie und sind beim Einschlag von Riesenmeteoriten aufgeschmolzen und ausgeworfen worden (in der sogen. Stoß- oder Schockwellenmetamorphose), man pflegt sie nach den Fundgebieten zu benennen: im Naturkundemuseum des Stiftes Admont sind etwa ein Tektit-Australit, ein Tektit-Moldavit und ein Tektit-Indochinit zu sehen

(8) *wo ein Wunsch, da ist auch ein Gelübde oft nicht weit: wenn die Großmutter, Mutter, Tante, Tochter, Enkelin wieder gesund wird, dann laufe ich am Dreinagelfreitag die 17 Stunden beim Kärntner Vierbergelauf mit, wenn ich bei der Diplomprüfung durchkomme, unternehme ich eine Wallfahrt zur Himmelskönigin von Maria Plain, mit Erbsen in der Schuhen, auf jeden Fall gilt es alles zu unternehmen, um den eigenen Stern nicht sinken zu lassen*

– die Bedeutung auch dieser Himmelserscheinungen wird im Volksglauben ambivalent aufgefaßt: einerseits verkündet die Sternschnuppe Heirat im kommenden

Jahr, andererseits zeigt sie an, daß in diesem Moment ein Mensch stirbt, sie wird einerseits als Erscheinen eines menschenfeindlichen Wesens, andererseits als Zeichen eines Engels gedeutet, in jedem Fall ist mit ihrem Aufglühen eine Arme Seele erlöst

(9) *daß sich jemand etwas wünschen darf, wenn er/sie Sternschnuppen fallen sieht, ist allseits bekannt, allerdings heißt es da mit dem Wünschen schnell sein, denn nach dem Verlöschen gilt der Wunsch nicht mehr, man wird also zur Geistesgegenwart, ja zum Geistesblitz und in ein gewisses Zufallsprinzip hinein gezwungen (was mir als erstes auf der Zunge liegt)*

– hat einer/eine das Wünschen und Auf-Erfüllung-Hoffen im hohen August versäumt, besteht nochmals im düsteren November (11. bis 20.) dazu Gelegenheit, da strahlen nämlich die Sternschnuppen des **Leoniden-Schwarm**s (von seiten des Mutterkometen 55/P Tempel-Tuttle 1866) auf, aus dem Sternbild des Löwen heraus, wie der Name sagt, vor allem am unverstellten blanken Morgenhimmel

Niklaus von Flüe

es riecht immer noch nach dem Rauch und Holzteer der herausgebrannten Stangen (dieser 112 Fichtenschalungsstämme aus dem Stadtwald von Bad Münstereifel), innen im auseinander- wie zusammengefalteten dunklen (nicht düsteren) Raum mit seinen rhythmisch gesetzten GlasaugenPfropfen (an jenen 350 Stellen, wo die glatte Außen- mit der rauhrunden Innenschalung verbunden war und wo jetzt Nirosta-Rohre mehr oder minder schräg optisch ins Freie führen), in diesem Interieur eines unregelmäßigen **Zelt-Gebäudes** mit niederem SchliefEingang, das dunkel gerippt und grob kanelliert in deutlich sichtbaren HalbmeterZonen aufgeschichteten StampfBetons hinauf dem tropfenovalen oben offenen Himmelslicht-Loch zuläuft (kopfgewichtig), aus dem es autobahnrauschend heruntertönt und durch das es ungehemmt hereinregnet, nämlich auf den geschuppten Zinnblei-Boden (der, wie man liest, an Ort und Stelle in Tiegeln erhitzt und mit einem Schöpflöffel von Hand auf der BetonFundamentPlatte verteilt wurde), mit unscheinbarer Abflußmöglichkeit fürs Regenwasser

es brandduftet also drinnen immer noch, Jahre nach der Errichtung des draußen weithin sichtbaren, **prismatisch strengen Bauwerks**, naturfarbenleuchtend im Westlicht auf einer Anhöhe südlich des Dorfs, mitten im landwirtschaftlich und jagdlich genützten

Gelände, zwischen Rapsfeldern und hochstandbe-
setzten Waldstücken, mit grobgeschotterten Feld-
wegen zwischen Pferdekoppeln und Weidezäunen,
vornehmlich zu Fuß erreichbar, merkwürdig: auch
wenn man auf dem ViertelstundenZugang nicht zum
Turm hinschaut, weiß man dieses *one-man house*
als Zelle doch da oben stehend/bestehend vorhanden,
und die späte Wanderin ist beim Hinzutritt hocher-
freut, daß sich die dreieckige Stahltür auch jetzt zur
frühen Abendstunde noch öffnen läßt, daß drinnen im
Sandbehälter dünne langgezogene Kerzen brennen
(die zuletzt Opfernden können also noch nicht weit
weg sein), staunend auch darüber, daß der bronzene
Bruder Klaus (unterlebensgroß) immer noch damit
beschäftigt ist, zu seinem **DreifaltigkeitsRad** hinüber zu meditieren (er nannte dieses ICON *mein Buch,
darin ich lerne*), wie es gestielt und leicht erhöht als
starres KleinVolant aus der gerippten dunklen Wand
herausragt (*nimm alles von mir / was mich hindert zu
dir*), und wenn Sie als Besucherin der rauhbronzenen
Nikolausbüste (auf ihrem glatten Prismensockel) gar
über den Rücken zu streifen wagen, dann spüren Sie
vielleicht etwas von der Wirksamkeit der in der Statue verborgenen Bruder-Klausen-Reliquie, auch wenn
Lage und Größe dieses wundersamen Überbleibsels/
Heiltums nicht oder gerade weil es nicht näher be-
stimmt ist

Leben B. Nicolai de Flue oder Bruder Clausen
*Wunder- und Tugend-Stern / Der in dem Schweitzeri-
schen Alp-Gebürg entstanden, von sonderen Göttlichen*

Gnaden-Strahlen erleuchtet, mit Glantz sonderer Heiligkeit geschinen, und mit der Clarheit erstaunlicher Wunderzeichen sich der Welt geoffenbahret hat. Das ist **Übernatürliches Leben** / heiligister Wandel / und große Wunder-Werck deß Villseeligen **Bruder Clausen** Von Underwalden / Welcher gebohren Anno 1417. seelig ist verschiden 1487. von päbstlicher Heiligkeit Clemente IX. in die Zahl der Seeligen gesetzt 1669, dessen HH. **Gebeiner** von Ihro Hochfürstlichen Gnaden Joan Baptista de Barnis Ertz-Bischoff von Edessen, Päbstlichen Bottschaffteren 1732 den 16. May hochfeyrlich **erhebet** worden. Zu gmeiner Christlicher Aufferbauung, Lehr, Trost und Vor-Bild zusammen getragen / und neuenß aufgesetzt durch Pf. **Bennonem von Stantz** Capuciner und Priesteren. LUCERN Mit Genehmhaltung der Oberen. Getruckt bey Joseph Christoff Rüttimann, 1732

auf dem FrontIspiz dieses BarockBuchs sieht man **Nik(o)laus von (der) Flüe** vor der Marienerscheinung betend auf einem Altarbild innerhalb eines Säulenaufbaus (vergittert) in einer leeren Kirche knieen (Carl Störklin del: Sculp.Tugy), und dieser knapp 400 Seiten starke, in weißes Pergament gebundene Quart-Band (wie er etwa in der Stiftsbibliothek Admont im RokokoRegal steht) wurde zur damaligen Beförderung der Heiligsprechung des bekannten Schweizer Einsiedlers verfaßt, dem 2006 vom Basler (jetzt Bündner) Architekten **Peter Zumthor** (*mich könnten Sie sich ohnedies nicht leisten*) mithilfe einer ansässigen Bauernfamilie eben jene bemerkenswerte **Feldkapelle** in

Wachendorf errichtet wurde, und das besagte Propaganda-Buch von 1732 entwirft in 38 Kurzkapiteln das heiligmäßige Leben des einflußreichen verheirateten (10 Kinder) Innerschweizer Landmanns, Beraters, Mystikers und Zeitgenossen Kaiser Friedrichs III. am Vorabend der Reformation (die er vorausgeahnt haben soll), Klausens **Heiligsprechung** ließ dann übrigens noch 200 Jahre auf sich warten (**1947** durch Pius XII erfolgt), mittlerweile ist Niklaus von Flüe ein auch bei den Protestanten beliebter Schweizer Heiliger geworden, soll man sagen: nach der langen Durststrecke seit Gallus und Othmar (Patrozinium: 25. September, einen Tag nach Rupert und Virgil von Salzburg), 1467 riß sich Klaus als 50-jähriger von seiner Familie los (das Kleinste war gerade mal 18 Monate alt), um zu den mystischen *Gottesfreunden* ins Elsaß zu wandern und sich ihnen anzuschließen, kehrte aber (durch nächtliche Gesichte einer blutroten Stadt gestoppt) bei Lichtstall/Liestal nahe Basel wieder um, verspürte ein Bauchgrimmen der besonderen Art, ging zuerst auf die Alp Klüster, dann noch abgelegener (wie Antonius in die Wüste) in die **Ranftschlucht** (zwar unweit seines Hofes) und lebte dort, auf Brett und Stein schlafend, 19 Jahre **ohne Nahrung** außer der Zusichnahme des Leibs Christi im Altarsakrament (überprüft), von vielen Ratsuchenden belagert, über seinem speziellen 6-strahligen Meditationsbild sinnend (Kupferstich S. 125), verschwiegene Sünden seiner Besucher erkennend und benennend, 1481 ist er am Zustandekommen der sogenannten **Stanser Verkommnis** beteiligt (einer Einigung der somit

8-örtigen Eidgenossenschaft über die Verteilung der burgundischen Beute von 1 Million Gulden in letzter Minute kurz vor Weihnachten: wodurch der Zerfall der jungen Eidgenossenschaft verhindert wurde), er wirkt die für eine Erhebung zur Ehre der Altäre notwendigen Wunder, stirbt am Datum seines 70. Geburtstags (21. März 1487), erscheint der Hausfrau und Mutter seiner Kinder Dorothea (Wyss) im Traum als fröhlicher Fahnenschwinger (ein in der Schweiz sehr beliebter Brauch) und wird knapp 200 Jahre später seliggesprochen, seine im Jahr dieser Jubelschrift (1732) exhumierten Gebeine werden weitere 200 Jahre später (1934) in einem silbernen Schrein gefaßt geborgen (auch das Ersuchen um ein *Knochenparticul* aus der Feder des wittelsbachischen Pfalzgrafen bey Rhein ist barockzeitlich nachgewiesen und im Argumentationskonvolut abgedruckt)

der Autor und Klaus-Biograph, Pater Benno von Stantz, bemüht sich in dieser seiner Compilation redlich, die Heiligmäßigkeit dieses Nichtpriesters und ehemaligen Familienvaters herauszustellen (mit der Aufführung von bereits bekanntgewordenen 48 Mirakeln und einer Meldung von 12 neuen Wundern, meist Heilung besessener Frauen, an die HeiligsprechungsKommission nach Rom), und er wiederholt gegen Angriffe der Zweifler (an der Lupenreinheit des EinsiedlerVorlebens) die wohl bekannten Argumente: daß nämlich der *Ehestand unverhinderlich der Gottseligkeit* sei: *Nahme also Nicolaus diese Jungfrau in der Forcht des Herren mehr* **auß Liebe der Kinder** (im Kirchenrecht mit *procreatio prolis* tituliert), **als der Wollusts-halben**, *weilen ihm gar nicht unbewußt jenes, was der* **Engel zu Tobia** *gesprochen: Die, welche den Ehestand also annemmen, daß sie Gott von ihnen und ihrem Hertzen ausschliessen, und dergestalt ihres Lusts pflegen, wie ein Roß und Maultier, über diese hat der Teuffel Macht* (Tob 6 ff), dieser auch Tobit genannte hebräische Tobias (merkwürdigerweise auch einer der altbiblischen Modenamen der vergangenen Jahrzehnte) aus dem Stamm Naphtali weiß sich in seiner eigenen Hochzeitsnacht, wo doch die gefährliche Braut Sara in ihrem Vorleben schon 7 Bräutigame verbraucht hat, entsprechend magisch vor seinem eigenen Getötetwerden zu schützen: *er nahm etwas Glut aus dem Räucherbecken, legte* (wie ihm der Engel geraten hatte) *das Herz und die Leber des Fisches drauf und ließ sie verbrennen. Sobald der Dämon den Geruch spürte, floh er in den hintersten Winkel Ägyptens; dort wurde er von dem* [besagten] *Engel gefesselt* (Tob 8, 2-3), christliche Ehepaare hielten traditionellerweise (diese Teufelsmacht der Lust bedenkend oder auch nicht bedenkend) die ersten 3 Nächte nach der Hochzeit als sogenannte **Tobiasnächte**, vielleicht um den tödlichen Libido-Dämon zu täuschen oder für immer auszuschalten (siehe auch den hl. Leopold und seine Agnes mit aufgefundenem Schleier in Klosterneuburg aus Österreichs Babenbergerzeit), oder wie der aufgeklärte habsburgische Erzherzog Johann in der kanzlistisch gedrechselten (zu Lebzeiten unveröffentlichten) Rechtfertigungsschrift seiner Mesalliance (Titel: *Der Brandhofer und seine Hausfrau*, 1850) über die heimliche Hochzeit mit der Ausseer Postmeisterstochter mitteilt: Anna Plochl und er seien nach der Ehe-Zeremonie in der Kapelle des Musterguts Brandhof am Seebergsattel unterm Hochschwab jeder in ihr/sein Zimmer auseinander gegangen und hätten die Tür/Türen hinter sich zugezogen

Bruder Klausens Überreste ruhen in Sachseln in Nidwalden, die Grabplatte von 1518 zeigt einen sympathischen Asketen (viel Körpergewicht wird er wohl aufgrund der Jahrzehnte durchgehaltenen Nahrungslosigkeit nicht mehr gehabt haben), Peter Zumthors oben offener, privat finanzierter 12 m hoher Bruder-Klaus-Turm mit der Bruder-Klaus-Büste diskreter Größe des ostpreußisch/schweizerischen Bildhauers Hans Josephsohn (aus Messing mit Rohgußpatina) ist in Wachendorf in der Eifel (hinter Euskirchen unweit von Elke Erbs Geburtsort Scherbach bei Rheinbach und nahe an den Autobahnen A1 und A61) zu finden, der dortige Ortsbürgermeister hat für die anreisenden Nikolausverehrer (die ihrerseits gewiß noch profane Speisen zu sich nehmen) wohlweislich 2 BauToilettenkabinen Marke TOITOI auf dem Parkplatz vor den Wachendorfer Fußball- und Tennisplätzen aufstellen lassen, auch wurde ein großer Steinblock mitten auf dem dort beginnenden möglichen Zufahrtsgüterweg (zur Feldkapelle) abgelegt, zumal sich da auch die auto- und quadrophonieversessene Dorfjugend zu treffen pflegt, und zur Vermeidung von AuffahrUnfällen auf diesen Steinblock bei Nacht hat man den Torso zur Sicherheit beidseitig mit Rückstrahlern versehen *diese Kapelle ist sehr schön*: steht in ungelenker Kinderschrift im (mittlerweile 4.) Besucherbuch, das im dunklen GebäudeInneren, wo es immer noch nach Brandrauch und verglostem Fichtenholz riecht, auf der schmalen Holzbank etwas versetzt unterm Himmelsloch liegt

Sebastian

überraschenderweise hat dieser frühe europäische Heilige des 3./4. Jh. (aus Narbonne in Südfrankreich oder aus Mailand stammend) erst in der Renaissance bildlich zu der uns bekannten Form als **gepfeilter Jüngling** gefunden, so war er etwa jahrelang an der Außenwand der Bürgerspitalskirche St. Blasius der Salzburger Altstadt am Ende der Getreidegasse im Großrelief fixiert zu sehen gewesen, bis man die Darstellung (logischerweise) nach St. Sebastian in der Linzergasse transferiert hat, wo auch der Arzt und Alchemist Paracelsus seine letzte Ruhe gefunden hat und wo Georg Trakl in der Nähe als Pharmazeut (Medikantenakzessist) in der Engel-Apotheke tätig war (siehe auch Trakls Gedicht *Sebastian im Traum*, Adolf Loos gewidmet, welches so endet: *Tasten über die grünen Stufen des Sommers. O wie leise / verfiel der Garten in der braunen Stille des Herbstes / Duft und Schwermut des alten Hollunders / Da in Sebastians Schatten die Silberstimme des Engels erstarb*)

im Mittelalter war Sebastian als Ritter (Pfeil und Bogen selbst tragend) dargestellt, bisweilen sieht man ihn auch kurioserweise mit mehreren Pfeilen in der Hand abgebildet, nach der Legende konnte er den höchsten Richter der Stadt Rom, mit Namen Cromatius, von einer hartnäckigen Krankheit heilen, allerdings unter der Bedingung, daß die heidnischen Götterbilder in dessen Haus zerstört werden, was auch geschehen ist (auf den Bildern sieht man, wie die Büsten mit einem Stab von den Konsolen gestoßen werden), er hat als Befehlshaber der kaiserlichen Leibwache anderen inhaftierten Christen geholfen und wurde von Kaiser **Diokletian** darob zur Rede gestellt, dann nach aufrechterhaltenem Bekenntnis zum Tod verurteilt, man band ihn hiefür an eine Säule oder einen Baum (möglicherweise an einen Obstbaum, weshalb man sich etwa dort und da in Oberösterreich, Tirol und Bayern am Sebastians-Tag des Obstgenusses und Mosttrinkens enthielt), inzwischen nicht mehr ganz unbekannt ist auch jene Holzsäule, die sich Heimito von **Doderer** anfertigen ließ, um seine Geliebte daran zu binden (der Dichter des Alsergrunds und darüber hinaus war auch ein Verehrer von Sebastiandarstellungen und hat solche überall aufgesucht), der schöne Leib des Märtyrers Sebastian wurde dann mit Pfeilen durchbohrt (aus nächster Nähe abgeschossen), wobei meist 5 Pfeile gezeigt werden, was auf die 5 Wundmale Christi verweist, er sank für tot danieder, doch nachdem die fromme Witwe **Irene** den malträtierten Leib des Jünglings gesundgepflegt hatte, konnte er nochmals vor den Kaiser hintreten, um zu bekennen, und dieser befahl daraufhin, den abtrünnigen Leibwächter mit Knüppeln totzuprügeln und den Leichnam in die *Cloaca Maxima* zu werfen, die Erschlagung des Sebastian sieht man in einem wildbewegten Bild aus dem Jahr 1512 des Donauschulaltmeisters Albrecht **Altdorfer** in St. Florian, den Abwurf in die Kloake hat **Carracci** 100 Jahre später dargestellt (im Paul-Getty-Museum Los Angeles zu sehen), die hochmodern anmutende Beweinung durch 3 Frauen des **Georges de la Tour** (Irene ist auch dabei) noch einige Jahrzehnte später aus dem 17. Jh. hängt in der Staatsgalerie Berlin

ein anderer frommer Christ, dem Sebastian im Traum erschienen war (oder Lucina die Jüngere), holte den Leichnam aus dem Fäkalhauptkanal heraus und bestattete ihn in den Katakomben draußen an der Via Appia, heute ist er Schutzherr der Sebastian-schützenBruderschaften, und da Pfeile gemeinhin als Krankheitsbringer aufgefaßt wurden (die aber dem Sebastian offensichtlich nicht wirklich etwas anhaben konnten), gilt er auch als Patron gegen die Pest (deren Pfeile Gott zur Strafe schickt), neben Rochus, Christophorus und Rosalia, daher trug man etwa im Jahre 680, als in Rom die Pest wütete, die Sebastian-Reliquien in Prozession durch die Stadt, worauf die Epidemie erlosch, Sebastianbruderschaften kümmerten sich um die Pestopfer und deren Bestattung, im Admonter Pfarrort Weng im Gesäuse wird der Sebastianiwein durch Eintauchen eines Pfeils geweiht

in Deutschland, wo der Vorname Sebastian weit verbreitet war, sprach man gar vom Jänner als dem **Bastianmonat**, der zweite Heilige desselben Tages (20.1.), der heilige Papst **Fabian** aus dem 3. Jh., tritt hinter Sebastian etwas zurück, beide aber kommen in einem Bauernspruch vor, welcher lautet: *an Fabian und Sebastian fangen die Bäume zu saften an*

mit TodestagsPatrozinium am 8.1. (482): im steirischen Mandlkalender ist dieser breitgesichtige
spätrömische Heilige und Apostel UferNorikums (der
zuerst nach Attilas Tod 453 und einem eventuellen
oberägyptischen WüstenZwischenspiel bei den dortigen Anachoreten ein zweitesmal im Jahr 467 als Ver-
trauter des letzten weströmischen Kaiserhauses aus
dem Osten an die nieder- und oberösterreichische Donau übersiedelt sein soll) in eine rote Tunika (Trium-
phalToga?) gehüllt dargestellt, wobei die linke Hand
seiner verschränkten Arme rechts hervorschaut, und
er trägt unter dem gelben Heiligenschein eine ebenso
rote Haube (in einer für diesen Bauernkalender aus
der Reformationszeit ungewöhnlichen Darstellung),
zudem teilt sich Severin seinen NamensTag und die
bäuerliche Aufmerksamkeit mit dem hl. **Erhard** aus
Narbonne (um 700 Bischof von Regensburg), von
dem im Mandlkalender keine Figur, sondern nur der
Bischofsstab und eine Hacke abgebildet sind, womit
angedeutet werden soll, daß auch dieser Patron (der
Holzfäller) wie manch anderer den Baum des Heiden-
tums gefällt hat

Erhards über 200 Jahre älterer TagesGenosse Severin ließ sich nach Interventionen in *Asturis* (Zeisel-
mauer oder Zwentendorf) und *Comagenis* (Tulln) in
Mautern (*Favianis*) am rechtsufrigen Eingang zur

Wachau nieder, wo er heute (Unbill abwehrend, und komme sie von den andrängenden Herulern, Skiren, Alemannen, Goten...) als silberne Betonstatue parterre vor der Pfarrkirche zu stehen gekommen ist (ohne Buch und Stab, nur mit Knauf) und wo in einem ambitionierten Römermuseum auch das Modell eines vermuteten SeverinKlosters sowie 2 römische **BleiVotive** (der gefährdeten Lucana / der betrogenen Silvia) mit Inschrift gezeigt werden, deren heimliches Vergraben am Ort der Manen vormals wohl noch als Besänftigungs- respektive Schaden/FreudenZauber geholfen haben mag, während der einflußreiche weltläufige Römer wohl ganz in der Nähe dieses heidnischen Votivheiligtums eine Klostergemeinschaft nach vorbenediktinischer Regel gründete (der Mönchsvater Benedikt aus den sibyllinischen Bergen ließ sich ja erst 70 Jahre später, 529, zur Klostergründung am Montecassino nieder), heute schaut das barock-benediktinische niederösterreichische Montecassino, wie man **Göttweig** tituliert hat, eines der sogenannten Escorial-Klöster, ecktürmig mit Ein- und Zubauten, nächtlich strahlend auf Mautern, Baumgarten, Palt, Furth, Steinaweg, Paudorf und das eingeklemmte Kleinwien herunter, ja es dominiert, von den Anhöhen des Waldviertels aus gesehen, sogar den Blick über Krems und dessen Gewerbegebiete

die ernste Umgebung des Göttweiger Bergs (wo nach der Deportation der romanischen Bevölkerung mit Severin auch die dortigen Befestigungsanlagen verfallen sind) übt heute mit seinem Trockenwald auf

Fels- und Blockuntergrund sowie relativer Unzugänglichkeit einen zugleich abwehrenden wie anziehenden Reiz auf wandernde Besucher aus, besonders vom eisenbahndurchschnittenen Fladnitztal auf der (heimlichen) Westseite her, denn der mittelhohe **Klosterkogel** erscheint dort zumal vorm Laubaustritt unaufgeräumt schutthaldig, ja wie von fremdartigen ZooTieren abgenützt, obwohl es nur heimische Wildwechsel sind, die seine Flanken wirr durchziehen, an der Station **Kleinwien** (von Widem/Wittum: Klosterhof/Schenkung) der Verbindungsbahn Krems-St.Pölten beginnt hinter dem Landgasthof Schickh mit seinen ausrangierten Waggons und Signalen ein SerpentinenAufstieg durch einen Quellgraben, mit lichtem Kiefern-, Hainbuchen- und Robinienwald, samt vereinzeltem Unterwuchs von Efeu, Schlehen und Sauerdorn, oben kommt man an der offenen Südwestflanke des Stifts heraus (eine geschlossene Fassadenfront ist nur an der Ost- und Nordseite der Anlage fertiggestellt) und kann durchs Tor des Gäste- und Exerzitientrakts in den inneren Bezirk dieser Befestigung eintreten, und wenn sich dann ein Gespräch zwischen einem rüstigen Ehepaar (das für die bevorstehende goldene Hochzeit die Stiftskirche, wo es vor 50 Jahren grün geheiratet hat, noch einmal in Augenschein nimmt) und dem betagten Pater ergibt, der gerade abschließen will und nebenbei darauf hinweist, daß er selbst erst 42 Jahre hier im Konvent weilt (*stabilitas loci*), könnte man in Anbetracht der trompe-l'œil-Uhr oben und des wiederkehrenden Falkenschreis, wenn dann auch noch von der Friedhofskirche

St.Blasien unten die Glocke sanft herauftönt und der restaurierte Turm der Inklusin Ada gelb aufleuchtet, die ZEIT ANGEHALTEN spüren, und es erschiene in solch abendlicher TempusFuge möglich, daß der sonst wenig bekannte Stiftspatron, nämlich der hl. **Altmann** auf seiner KryptenTumba, sich an jenes Treffen der drei jungen Mönche von damals und nachmaligen Bischöfe (in Passau, Salzburg, Würzburg) erinnerte (er selbst der hochadelige Sachse, dann der Schwabe **Gebhard** und der wels-lambacher Graf **Adalbero)**, die sich in jugendlichem Überschwang irgendwo da unten im Weinland nach Traumgesichten geschworen hatten, jeder würde einmal ein Kloster errichten, was dann in diesem spirituellen 11. Jh. tatsächlich in Admont, in Lambach und hier in Göttweig auf dem halbjahrtausendverwaisten Kogel auch geschehen ist, doch da bricht schon die Dämmerung herein und die Wanderer sind bereits am Nordwestpfad den Berg hinunter zum Eisenbahntunnel gesprungen (durch den eine Triebwagengarnitur verschwindet), um vorbei an den Pferdekoppeln, den äugenden weißen Geißen und duftenden MagalitzaSchweinen und an Bahndamm und Bach entlang (unterwegs verblichenes Steckschild: *Eisenbahnkreuzung wird am 18.06.2007 aufgelassen!*) dem AufstiegsAusgangspunkt (in Kleinwien) zuzueilen

Severin dehnte seinen Einflußbereich (da die römische Zivilverwaltung ja kaum mehr wirksam gewesen sein dürfte) von hier bis Niederbayern und Salzburg aus (wo in der Festung *Cucullis*/Kuchl ein Kerzen-

und Heuschreckenwunder erwähnt wird, eine weitere Legendendoublette in *Iuvao*/Salzburg selbst) und er konnte die romanische Bevölkerung im Schutz der ehemaligen Kastelle entlang der Donau bis Passau hinauf (dessen Stadtpatron er auch wurde) in politischer wie geistlicher Funktion unterstützen (etwa von einer wunderbar vermehrten OlivenölLieferung aus dem Süden und deren stiller Verteilung am Bischofssitz in *Lauriacum*/Enns wird in der Vita, Kap. 28, berichtet, wobei der Ölfluß aber augenblicklich versiegt, wenn das für die Wunderhandlung notwendige Schweigen gebrochen wird), Donau und **Limes** entlang war ja nach den Markomannenkriegen des 2. Jh. (172-180 n. Chr.) auch ein System von Wehrtürmen (sogen. *burgi*) möglichst in Sichtweite voneinander errichtet worden (für 4 bis 5 Mann-Besatzungen im Oberstock für Flaggen-, Horn und Fackelsignale, die schneller gegeben wurden, als etwaige Anrückende zu Fuß, zu Schiff und im Wagen unterwegs sein konnten), deren Überreste rechtsufrig die Wachau hinauf zu sehen sind: als große Befestigung eben in *Favianis*-**Mautern** gegenüber Krems-Stein, wo das Volk der **Rugier** sich niedergelassen hatte und Tribut von den Römern einzog, dessen Könige jedoch mit Severin Kontakt hielten, dann weiter donauaufwärts ein 9-mal-9Meter-Turm vor **Rossatzbach** gegenüber Dürnstein am Ausgang des Windstalgrabens (der nach Bergern und Schenkenbrunn in den Dunkelsteiner Wald hinaufführt), zur Severinzeit wohl nicht mehr besetzt, weiters eine Station in **St. Lorenz** gegenüber Weißenkirchen, wo die Nordmauer der Kirche aus so einem *burgus* stammt, dann ein guterhaltener Turm weiter flußaufwärts im ehemals salzburgischen **Bacharnsdorf** gegenüber St. Michael abwärts zur Donau, in den Ausmaßen von 12,2 mal 12,2 m mit 1,5m dicken Grundmauern, von diesem Melde- und Wachturm aus konnte nicht nur das Geschehen an und auf der Donau observiert werden, sondern auch der Zugang zum **Kupfertal** im Rücken gesichert, einem entrischen Graben Richtung Nesselstauden und im weiteren zu den Römerstraßen nach St. Pölten (*Cetium*) und Melk (*Namare*)

daß Severin gerade an dieser prekären Grenze der spätrömischen Macht tätig war, kam wohl nicht nur der romanischen, sondern auch der germanischen Bevölkerung zugute (allerdings: wenn Gemeinden oder Personen auf seine Voraussagen und Vorhaltungen nicht reagierten, konnte es infolge der guten Beziehungen Severins zum Allmächtigen durchaus zu ›Strafwundern‹ kommen), damals vermochte er sogar zwischen katholischen und arianischen Christen zu vermitteln und soll sich selbst auch immer wieder zu Bußübungen und Gebet (Lektüre?) in so einen Burgus (*ad vineas*: lokalpatriotisch sogar in Wien-Heiligenstadt vermutet) vor dem Ansturm der Bittsteller zurückgezogen haben (noch heute Patron der Weinstöcke), Märtyrerreliquien (etwa der beiden Mailänder **Gervasius** und **Protasius**, deren Knochengestalten in S. Ambrogio zusammen mit dem bekleideten Ambrosius gezeigt werden) sollen für die *Favianis*-Basilika (das sind umstrittene Gebäudereste von wieder zugeschütteten Grabungen auf dem Brunnenschutzgebiet der Julius-Raab-Kaserne) von Severin vorausgeahnt beigebracht worden sein, der eigene (nach 6 Jahren immer noch unverweste) Leichnam wurde dann von den (auf Okoakers Befehl) abziehenden Romanen 488 nach Süditalien mitgenommen und ruht heute in Frattamaggiore im Norden Neapels, von wo einzelne Reliquienpartikel des VölkerwanderungsApostels im 19./20. Jh. auch nach Lorch/Enns und Wien-Heiligenstadt (Sitz einer Severin-Bruderschaft) zurückgekommen sind, unter Glassturz und in MonstranzHalterung

der Schüler und Mönch **Eugippius**, von dem sonst wenig bekannt ist, hat 511 aufgrund von Aussagen älterer Mitbrüder eine legendenhafte Lebensbeschreibung (*Commemoratorium* in 46 unterschiedlich langen Kapiteln) verfaßt und ist selbst 533 als Abt in *Lucullanum* (Pizzofalcone) bei Neapel verstorben, die Wiederbeschäftigung mit der aktiv-karitativen Gestalt Severins an einer Zeitenwende setzte von katholischer Seite nach dem Zweiten Weltkrieg neu ein (Peter Dörfler, Ernst Karl Winter, Klemens Kramert u.a.), der Mailänder Bildhauer Giacomo Manzù hat auf dem zentralen *Tor der Liebe* des Salzburger Doms (1958) rechts oben die Begegnung Severins mit der RugierWitwe im umrandeten Bronzerelief dargestellt (wobei die vor ihm gebeugt und bereits schulterfrei stehende Frau vielleicht soeben ihre Kleider für den kranken Sohn ausziehen und abgeben will, wovon sie Severin – im schützenden Raum zwischen Pilger- und Abtstab liebevoll umfangend – abhält, Vita Kap. 6), diverse Abschnitte aus der *Vita Severini* sollen auch schon mal als LateinmaturaAufgabe gegeben worden sein, eine kommentierte neuere lateinisch-deutsche Edition (Theodor Nüsslein 1986) liegt im Reclam-Bändchen 8285 vor

als sagenhaftes Beispiel für die realistische Einforderung des Zehents durch den Notwender Severin zur Verteilung an Bedürftige (Arme und Gefangene) und für die Glaubensfestigkeit seiner Brüder kann ein winterlicher **Kleidertransport** unter Leitung eines gewissen Maximus aus BinnenNorikum (Bischofssitz *Tiburnia / Teurnia* an der Drau) übers Gebirge (Radstädter Tauern?) bis in den Donauraum gelten (wie in Kapitel 29 geschildert), wobei hier ein mächtiger verchristlichter Bär den Weg durchs Schneechaos gewiesen sowie den Pfad für die verzweifelten Lastenträger ausgetrampelt hat, um sich dann zu trollen und damit ein weiteres Beispiel für einen **hl. Bärendienst** zu geben (der dornenbefreite Bär trägt dem hl. **Gallus** Holz zu, wofür er Brot erhält / der Bär, der vorher ihr Lasttier zerrissen hat, dient **Korbinian** und **Maximinus** als Gepäcksträger, derselbe Vorgang bei **Humbert** von Marolles / der Bär hilft **Magnus**-Mang die Äpfel vom Baum schütteln / der Bär leitet und trägt den betagten **Romedius**, dessen Maultier er verspeist hat, vom Nonstal nach Trient / der Bär hilft **Florentinus** von Straßburg beim Schafehüten / der Bär im Pflug ersetzt dem **Jacob** von Tarantaise den zerrissenen Zugochsen / der Bär hilft **Gerold** beim Bau seiner Zelle / der Bär verteidigt die Jungfräulichkeit der Ursulinerin **Kolumba** / der Bär zeigt **Richardis** den Ort der Klostergründung / der Bär und der Löwe verschonen **Thekla** beim Martyrium / der Bär, dem er vorgeworfen wurde, leckt dem Bischof **Cerbonius** die Füße), und als dann die Kärntner Kleiderträger rechtschaffen müde endlich bei Severin in Mautern angekommen waren, soll er, der Hellsichtige, sie zu ihrer Verwunderung mit folgenden Worten begrüßt haben: *ingrediantur, quibus viam, qua venirent, ursus aperuit*, »herein mit ihnen, welchen den Weg, auf dem sie herkamen, der Bär eröffnet hat«

St. Stephan

foto- und hagiographischer Wien-Rundblick

nach einem letzten, nackensperrenden, mundöffnenden Hinaufstarren vom PflasterParterre des Stephansplatzes aus in die feingliedrigen Verästelungen des sich stetig verjüngenden steinernen FiligranBaus, den die Betrachterin immer irgendwo eingerüstet weiß und der bisweilen auch großflächig mit Baugittern/ Werbeträgern verhängt erscheint, KEIN HAUS IST FÜR DIE EWIGKEIT GEBAUT, *wohn hoch 2*, nach so einem gleichgewichtserschütternden, minutenlangen Aufblick wären wir also kurzentschlossen in die ebenerdig gelegene Mündung der Spirale der Wendeltreppe des Südturms von St. Stephan eingetreten, wie in einen ungewissen Schlund, hochgezogenen Schlauch und quasi Geheimzugang, vorbei an der Portierloge/ Kassa (*admission/ingresso* zur Ausverkaufszeit während der kalten Wintertage 50% reduziert, italienische Besucher zögern noch, ob sie aufsteigen sollen oder nicht), Frage 1: assoziiert man mit dem *Steffl* eigentlich den gesamten Kathedralkörper oder doch nur den vollendeten *einen* hochragenden Süd-Turm, Frage 2: wo dürfen wir jenen Grundstein eingelassen vermuten, den Rudolf der Stifter wie es heißt eigenhändig in den innerstädtischen Boden plaziert hat, im Jahr 1359, Turm bis oben hin dann 74 Jahre später (1433) fertiggestellt wir hätten uns also in die grausteinerne Spindel rechtsläufig hineingedreht, aus der versteckten Ecke empor, neben Bauplanke und unauffälligem, spät sich belaubendem und spät noch belaubtem Baum (Ailanthus? überprüfen!), wir wüßten uns mit diesem unteren engen Treppenzylinder wie hineingeschmiegt in den Winkel zwischen Hochturm und albertinischem Chor, sagen Sie mal: von wem können denn all die herausgemeißelten feinen Bauteile, Strebepfeiler, Türmchen und blickablenkenden Krabben in den uneinsehbarsten Ecken überhaupt wahrgenommen werden (*von niemand Sterblichem, nicht einmal von den Tauben*, würde der Dombildhauer antworten, *wir machen diese Ausbesserungen doch nur für den Lieben Gott*), dann kämen wir in den ersten Schraubungen der Wendeltreppe an geraden Steinflächen mit historischen SteinmetzZeichen und deutlich fühlbaren Zangenlöchern (fürs einstmalige Hochhieven der SandsteinBlöcke) vorbei, noch vor der ersten der beiden ZylinderVerengungen (Spindelbreite zentimeterdick hereinkragend zurückgenommen) wird's bei Gegenverkehr prekär, wir würden zugige Gitterfensterchen (notdürftig verstopft) passiert haben (ohne Ausblick, auch wenn ein solcher avisiert ist), die stützende Hand hätten wir bisweilen an die Innensäule oder die äußere Drehwand gelegt

wir trügen im Turmaufstiegsgepäck mit (Achtung Kindergruppe kommt von oben entgegen, es hat schon vorher nach Turnschuhen/Turnsaal gerochen): einen Feldstecher für den detaillierteren Ausblick aus den vier Doppelfenstern der Türmerstube (Rufrohr, Laterne, Seilzug zum Viertelstundenschlag, Türkenkugel in Halterung fixiert, Namensritzungen ehemaliger Türmer, jeweils den 4 Richtungen zugeordnet, überprüfen!), weiters hätten wir dabei: eine Trinkflasche, Adalbert Stifters *Aussicht und Betrachtungen* von 1844, den Katalog des Technischen Museums zur *Schärfung des Blicks* (darin den Entwicklungsgang der Theoretiker und Praktiker der PhotoOptik Petzval und Voigtländer nachlesen!), in diesem Katalog würden wir dann oben das 1. Fotopanorama Wiens aufschlagen (um 1850, und zwar 3 Querformate und 4 Hochformate, Blick in Richtung Belvedere fehlt) und wir könnten zum ausführlichen, spannenden und mühsamen Vergleich mit der heutigen Ansicht ansetzen, zumal ja um 1850 die Entfestigung der Stadt (der *Inneren Stadt*) noch nicht eingeleitet war, der Blick also über die erahnbaren Basteien sowie Stadttore und das sichtbare Glacis hinweg in die schemenhaften Vorstädte (soeben eingemeindet, heute GründerzeitBaumassen) geleitet würde, Fakt ist: in rasantem Tempo wurde dem Alt-Wien (und zugleich der Nostalgie nach der guten alten Zeit) Tür und Tor geöffnet, die Auflassung der Umwallung, Fortifikationen und Gräben 1857 von höchster Stelle trotz militärischer Bedenken ›bewilligt‹ (die Revolution von 1848 lag erst ein paar Jahre zurück) und die Ringstraße konnte bereits 8 Jahre später eröffnet werden, Frage: könnten wir bei lupenreiner Foto-Betrachtung gar auf der freien Fläche des Glacis', etwa Richtung Hofstallungen (diese stehen schon, ohne eingebaute Museums-

Quartier-Salz- und -Pfefferbüchsel, die beiden alten symmetrischen Museen davor stehen noch nicht), könnten wir auf dieser Wiese durch den historischen Gucker von 1850 eines jener für die Zeit bezeugten Bauernmädchen sehen, wie es dem lustwandelnden Herrn einen Becher frischer Ziegenmilch reicht, wobei die anwesende Milchspenderin hinter einem Paravent versteckt an einem Laubbüschel knabbert, oder spielten sich solche delikaten Szenen vornehmlich auf dem sogenannten Wasserglacis (dem VergnügungsAreal des dritten und vierten Standes) im Gelände des heutigen Stadtparks ab

wieviele der 343 (7x7x7) keilförmigen Stufen hätten wir bereits sohlenschleifend erstiegen, wenn wir dann in ca. 25 Metern Höhe an einer Blechtür vorbeigekommen sein würden, die über eine Außenverbindung in den Dachboden des Chorumgangs führt, kurios: hier heroben über dem Hauptaltar unter dem jetzt stahlgestützten Steildach steht noch einmal ein Modell des gesamten Baus und der oberste Teil des Mittelschiffs ragt in die Mitte des Dachbodens als eine Art 6 Meter hohes Haus herein (wie das zu verstehen ist, müssen wir von unten innen überprüfen), und in den DachbodenZugang drüben zum PummerinLift auf der entsprechenden Nordseite ist als enger Plafond einfach ein alter Grabstein mit Inschrift eingesetzt, was uns zu der gedanklichen Abschweifung veranlassen könnte, wie wohl die gepflasterte Fläche unten um die Kathedrale, also auch der **Stephansplatz**, heute aussehen würde, hätten sich die damaligen

Stadtväter und –mütter anläßlich der Errichtung der ersten Fußgängerzone in den 70er-Jahren des 20. Jhs. dazu durchgerungen, das Areal um den Dom mit ausrangierten beschrifteten historischen Grabsteinen anstatt mit Ebenseer Platten auszulegen, u.z. nach einer GrabsteinMusterfläche, wie sie damals Karl Prantl und seine japanischen Bildhauerfreunde im burgenländischen St. Margarethen ausgelegt hatten, von dessen Steinbruch ja auch heute noch das Rohmaterial für die Restaurierungsarbeiten in der Bauhütte geliefert wird

jetzt wäre wohl nicht die Zeit und die passende Nische dazu, jene Packung Jubiläums-Manner-Schnitten herauszuholen, die ja eigentlich für den Türmer oben vorgesehen ist und die den alten Steffl zeigt (selbstverständlich nicht zur Zeit des vollständigen TurmspitzenAbtrags 1861-64, Ansicht überprüfen!), beim TürmerstubenBlick in die Tiefe (geräte-, gerüst- und gitterverstellt, NUR EINER VERSTEHT IHRE SORGEN BESSER ALS WIR) würde uns an gewissen Stellen die schiere Ungewißheit befallen, ob wir tatsächlich aus derselben Position wie der damalige Photograph (Paul Pretsch zugeschrieben, dem Leiter der photographischen Abteilung der Staatsdruckerei, wohl mit so einem KameraUngetüm samt Petzval-Optik, das man im Technischen Museum aufgestellt ungläubig bestaunen kann), ob wir real auf die barocken und nachmärzlichen Dächer der damaligen ReichsHaupt- und Residenzstadt blicken, und in so einem Fall würden wohl die penibelsten sogenannten

ZwickelStudien/WinkelVergleiche erforderlich sein, d.h. man würde etwa das Originaldach der Akademie der Wissenschaften mit seinen weißen Giebel- und Walmbegrenzungen vor dem dahinter liegenden DominikanerKirchenPortal und den entsprechenden Lang- und QuerschiffFenstern anvisieren und dabei feststellen müssen, daß

aber da wären wir jetzt schon an der instandgesetzten **StephanusStatue** (des ersten, also Erzmärtyrers der Christenheit, Diakons und begnadeten Redners, an seiner Steinigung vor dem Damaskustor in Jerusalem im Jahr 40 soll auch Saulus, der spätere Paulus teilgenommen haben, Helfer gegen Kopfschmerzen, Steinleiden, Seitenstechen, Besessenheit ...), also an einer der mehreren Stephanusdarstellungen am/im Dom (exakte Anzahl ermitteln!) vorbei und nach einem überraschenden offenen Quergang – halt, noch einmal zurück und aufs sogenannte *Starhemberg-Bankerl* gesetzt, um den damaligen strategischen Ausblick nachzuvollziehen, denn von der Wasserseite her kam die Bedrohung und vom Osten sowieso, aber auch die Laufgräben im Nordwesten vor der Löwelbastei waren nicht zu verachten, jetzt lassen wir die 7 Pretschschen Einzelbilder des wohl allerersten FotoPanoramas vor unserem geistigen Auge Revue passieren, und *eine* hochformatige Ansicht nach Osten ist sehr wohl dabei, nämlich der Blick über Wollzeile und DominikanerKloster hinweg (selbstverständlich noch ohne Luegerplatz, Museum für Angewandte Kunst, Bahnhof Wien-Mitte und allerneuest verschachteltes rotes Justizgebäude) auf die freie Fläche zwischen k.k. Invalidenhaus rechts und damaligem Hauptzollamt links (der plattige Bauschmuck des heutigen trostlosen Gebäudes weist auch gen Osten, etwa zu Parallelbauten nach Bratislava oder Minsk), in der Ferne kann man links die Schöller-Dampfmühle am Schüttel und hinter dem (damaligen, erst unlängst abgebrannten) Sophienbad das Tor der Sophienbrücke (heute Rotundenbrücke mit Steirereck) über den dortigen Donaukanal erahnen, als wahrer Blickfang dieses Teilfotos muß aber die leere Fläche im nahen Mittelgrund gelten, wo das Hafenbecken am städtischen Ende des Wiener-Neustädter-Kanals zu vermuten ist, der HAUPTHAFEN WIEN, bereits zugeschüttet oder nicht, auf jeden Fall abgelassen, und können wir uns wirklich vorstellen, wie die tonnenschweren Lastkähne in dem engen schleusenreichen Fahrgerinne das Baumaterial für die Ringstraße, die Kohle für die Fabriken und das Brennholz für die Wiener aus dem tiefen Süden herangeschafft haben (1 Pferdestärke am Ufer pro Kahn kanalauf- oder -abwärts genug, um 33 Tonnen zu bewegen, auf dem rechtsuferigen Treppelweg, 2,5 m breit), und lange bevor der Hafen Triest auf diesem Wasserweg erreicht gewesen wäre, hatte sich bereits die Eisenbahn der Transportaufgaben bemächtigt, die 1. VerbindungsBahn Nordbahnhof-Landstraße-Süd/Ostbahnhof können wir auf unserem Foto noch nicht erkennen, 10 Jahre später allerdings sieht man die Güterwaggons am Invalidenhaus bereits vorbeirollen da hätte uns der schmale Turmquergang vorbei am *Maskaron* (den wir fast übersehen hätten) auch schon zur alten Pummerin-Glockenstube hingeführt, wo jetzt die weißen Repliken/Originale? (nachfragen!) der romanischen Tierfiguren vom Riesentor aufgestellt sind (Greif mit Menschlein in der Pranke etc., unten an der WestFassade noch einmal präziser nachsehen!), aber auch andere Steinstücke wie Wasserspeier und eine dunkle Kreuzrose, als wohl auffälligstes Exponat aber diese Platte liegend mit herausgearbeitetem **Türkenkopf** (Gesicht? Kalotte?) zwischen 2 sogenannten *RundDiensten*, der ist also draußen nicht mehr eingesetzt worden und die SchmähInschrift (*da schau du Mohammed du Hund*) ist auch nicht mehr zu lesen (oder aufgrund der Übermalung umso deutlicher), von oben könnten wir dann zu den Stadtarealen hinausschauen, die sich heute fest in türkischer Hand befinden (etwa Nasch- und Brunnenmarkt), und wir vermöchten hier auf der Plattform in halber Stubenhöhe vor dem letzten Anstieg und der guten Stunde, die wir wohl oben am Höhepunkt der Stadt bald in die allseitige Anschauung vertieft verbracht haben würden, auch ein wenig verschnaufen

annähernd sollten wir eigentlich eine AusschauHöhe erreicht haben, wo uns weder das LanghausSteildach (mit seinen 230.000 tschechischen Dachziegeln) noch die ungleich hohen *Heidentürme* noch die *welsche Haube* des steckengebliebenen Nordturms den Blick auf Donaukanal und Augarten beeinträchtigen könnten, dann würden wir wohl vergeblich das damals noch am

Kanalufer nahe dem Scharfen Eck gelegene DIANA-
BAD (mit strikter GeschlechterTrennung) samt seiner
ersten europäischen Winterschwimmhalle und dem
kurz darauf verschwundenen KanalWasserAufberei-
tungsturm der ›Norischen Gesellschaft für Filtrirung‹
auszumachen suchen, wie dieser gut 20 m hinter den
beiden Eingangsgebäuden hervorragt, an der schönen
blauen Donau (wohin hat man dann die dampfma-
schinen-betriebene Wasserbereitstellung in den 50er-
Jahren verlegt, zumal ja auch das Trinkwasser für die
Wiener noch nicht aus dem fernen Kalkhochgebirge
kam, sondern aus dem nahen *Donau Canal* in die
wenigen Hochbehälter im Westen der Stadt gepumpt
wurde), die Aufschrift VOLKSBAD hätten wir damals
gar live mit einem Fernrohr erspäht, aber da sind die
Lettern wie die gesamte Anlage auch schon wieder
verschwunden, d.h. vom IBM- respektive OPEC-Ge-
bäude verdeckt (heißt ersetzt), um es nicht zu vergessen: Jahre später wurde hier in dieser Schwimm- und
Tanzhalle am schönen Donaukanal, über den sich der
mautpflichtige *Carls-Kettensteg* (heute Salztorbrücke)
schwang, der nachmalig so berühmte DonauWalzer
(man ist versucht zu sagen: Donaukanalwalzer), u.z.
in der Chorfassung uraufgeführt, noch ohne Beifall zu
finden, der viel besungene blaue Hauptstrom verlief
sich zu dieser Zeit in einer Mehrzahl regelloser Sei-
tenarme, die Hauptrinne unreguliert

wir hätten uns weiter im Linksbogen den ausge-
dehnten Holz- und Pflasterstein-Lagerplätzen ums
Kaiserbad und vor der Roßau zugewandt, den weiten

116

offenen Flächen hinter *St. Maria Stiegen* (fern dem Gestade), wo stadtauswärts eine breite Allee vom Neutor auf *die Weiße Hahngasse* zuläuft und sich in Richtung Alserbach und Nußdorfer Linie verliert, am linken Rand des linken Hochformats angekommen, würden wir jetzt über die Lücke ins rechte der 3 Querformate hinein und gleich wieder zur nahen Kuppel der **Peterskirche** vor springen sowie über die **Schottenkirche** zum schemenhaften Palais Liechtenstein hinaus, doch da würde das Band dieser durchgängigen Pappelreihe unsere Aufmerksamkeit fesseln, wie es (das Pappelband) am äußeren Rand des Glacis mit dessen abkürzenden Kreuz- und Querwegen als eine Art Vorhang erscheint und das Bild im Mittelgrund teilt, während die nördlichen Vorstädte und die düsteren Hügelketten dahinter sich in der Ungewißheit dieses frühen AlbuminAbzugs vom Papiernegativ undefiniert verlören, trotz Petzvals bahnbrechendem, 16mal lichtstärkerem Objektiv

noch wären wir nicht dort oben angekommen, wo der experimentierende frühe Photograph vermutlich seine Probeaufnahmen für ein avisiertes späteres vollständiges Panorama gemacht hat und wohl auch an Ort und Stelle gleich entwickelt haben könnte, quasi als StudienVorlage des Lehrers für seinen Schüler (Paul Pretsch für Leopold Weiss 10 Jahre später), der seinerseits (der Schüler) dann trotz gesteigerter Präzision wieder einen wenn auch minimalen Zwikkel in seinen EinzelfotoÜberlappungen ausgelassen hat, nämlich (wie berechnet wurde) 4 Winkelgrade

Richtung Westen, d.h. es fehlt uns links vom k.k. Geographischen Institut und rechts vom Palais Auersperg der Blick hinein in die heutige Josefstädter- ist gleich damalige Kaiserstraße, die **Piaristentürme** gerade noch sichtbar, die *7 Zufluchten* draußen (Altlerchenfeld) stark retouchiert, und jeder, der die Josefstädterstraße stadteinwärts hinuntergeht, würde bestätigen können, wie ausnehmend deutlich in umgekehrter Richtung der *Steffl* im Schlitz der Häuserfluchten erscheint, wie herangezoomt, so als wäre der ganze Straßenzug auf diesen zentralen Fluchtpunkt hin angelegt worden, und ebendiese Richtung, die der Schüler versäumt, hat der Lehrer 10 Jahre vor ihm zentral aufs Foto gebannt: mittig zwischen stumpfem **Minoriten-** und spitzem **Michaeler**-Kirchturm öffnet sich diese Ausfallschneise der Vorstadt auf den schemenhaften Wilhelminenberg zu, und auf dem Dach des rechten Eckhauses am Beginn der Josefstädterstraße (heute Café Eiles) vermeint man jene GeländerPlattform zu erahnen, von der aus die Schaulustigen die Paraden auf dem vorgelagerten Glacis-Exerzierplatz angelegentlich mitverfolgt haben könnten, und knapp hinter der Minoritenkirche dürfen wir jenes Plätzchen auf der Löwelbastei (einem sogen. *Ravelin*) vermuten, das als *Paradeisgarten* noch bis in die 70er-Jahre bestehen bleiben konnte, bei der besseren Gesellschaft zum Lustwandeln, Kaffeetrinken und Eisschlecken beliebt und mit dem jetzigen Bundeskanzleramt durch einen langen ParallelGang verbunden, so wie es, als Paradeisgartl, ins spätere Wienerlied eingegangen ist: *Na alsdann, die beiden gehn hin, der Franz und* *die Leopoldin! … Gott, wem man dort alles begegnet, vorausgesetzt daß es nicht regnet,* wie Ralph Benatzky in seinem Lied *Im Paradeisgartl is heut Feuerwerk* gedichtet hat und singen läßt (ab 1914, zwei Jahrzehnte vor dem *Weißen Rößl*), das heutige Burgtheater an die Stelle dieser ehemaligen Belustigungsbastei hin zu imaginieren, dürfte allein schon wegen des Niveau-Unterschieds im Terrain ziemlich schwer fallen

uns weiter nach Westen drehend, Richtung **St. Ulrich**, Neubau und Schottenfeld (und damit hätten wir den letzten Ausschnitt des ersten fotografischen Teilpanoramas von Wien erreicht), würde uns zentral die Hofburg mit Stallburg, Redoutensaal und k.k. Bibliothek ins Auge springen, am GebäudeEck vor dem Burg- heute Heldentor schaut der astronomische Turm der Sternwarte hervor, links außen wäre noch die Spitze von **St. Augustin** angeschnitten, aber was ist das für ein Kirchenschiff mit Apsis und ohne Turm quer davor, etwa die verschwundene Kirche des Klosterneuburgerhofs an der Stelle oder in der Nähe des k.k. Versatzamts vulgo *Dorotheums*, doch da nehmen bereits die markanten Kirchtürme in den Vorstädten hinter dem k.k. Hofstallgebäude (also Museumsquartier) unsere Aufmerksamkeit in Anspruch, wie sie aus dem hellen Häuserdickicht vor der dunkleren Barriere der Wienerwaldhöhen hervorstechen, nie hätte man gedacht, daß der Einturm der Laurenzerkirche Ecke Zieglergasse oder die Zwillingstürme von St. Ulrich so markant in den Himmel der Jahrhundertmitte (des 19. Jh., versteht sich) stünden, ähnlich jenen von

St. Josef, Stifts- und **Mariahilf**, während heute das weiße FlakLeitturmObergeschoß des Esterházyparks und der bullige Geschützturm der Stiftskaserne die geknickte MariahilferstraßenAusfallLinie dominieren

schade, daß auf diesen allerersten Aufnahmen von der SüdAusfallsRoute über KärntnerTor, ElisabethBrükke, **Paulaner**- und Rauchfangkehrerkirche gegen Spinnerin und Semmering, zumindest aber bis zum Mödlinger Eichkogel am Horizont nichts fotografisch festgehalten wurde, zumal man sich daran in Erinnerung rufen könnte, was und wer da alles und aller hinausgefahren und gewandert ist, angefangen beim heimreisenden Erzherzog Johann, nachdem er vom Kaiser Franz nach jahrelangem Warten endlich die Erlaubnis erhalten hatte, ja ihm geboten (also befohlen) wurde, *der Sache* mit der Postmeisterstochter *durch des Priesters Segen ein Ende zu machen* und wobei der Kutscher auf der Höhe der Ziegelöfen von Guntramsdorf im Schneesturm umgeworfen hatte, bis hin zu Jakob Seume und seiner trefflichen Beschreibung (*der Semmering ist kein Maulwurfshügel*) auf seinem auch die politischen Verhältnisse scharf beobachtendem Fußweg richtung Syrakus, vom damaligen anonymen Güterverkehr über den Wienerberg ganz zu schweigen

und so könnte das ganz gut über all die Punkte und Flächen im Umkreis weitergehen, mit deren Hilfe und Aufruf wir uns der eigenen ephemeren Existenz von

Augenblick zu Augenblick zu vergewissern trachteten, selbstverständlich hätten wir uns in dieser inneren Drehbewegung gleichzeitig weiter im Stephansturm emporschrauben lassen, wären wir nicht vom ersten und vom zweiten Gittertor der obersten Windungen der Wendeltreppe aufgehalten worden (das haben die Greenpeace-Aktivisten damals am 20.10.1997, abends versteckt und eingeschlossen biwakierend, wohl aufgebohrt oder aufgeschnitten, um oben ihr Transparent DER MENSCH IST NICHT GOTT. STOPPT GENPATENTE entfalten zu können)

Adalbert Stifter hatte sich detto, mit dem Türmer bekannt, bewußt hier heroben eines Abends einschließen lassen, um nach dieser kurzen stillen, damals noch stockdunklen Turmnacht die Stadt im ersten Morgenschimmer erwachen zu sehen und wenn auch kein Transparent, so doch im gemächlichen Verlauf seine Stadtbeschreibung im Umkreis für die Nachwelt auszubreiten, so als stünde er im Mittelpunkt der damaligen dynastisch-christlichen Welt, bis die ersten einfahrenden Fleischerwägen die trügerische Nachtstille unterbrachen und der Turmgucker Stifter die quasi **heilige Geometrie der Stadtscheibe** dort drunten zu benennen sich anschickte: *ein Gewimmel und Geschiebe von Dächern, Giebeln, Schornsteinen, Türmen, ein Durcheinanderliegen von Prismen, Würfeln, Pyramiden, Parallelopipeden, Kuppeln, als sei das alles in toller Kristallisation an einander geschossen, und starre nun da so fort,* wer würde dabei nicht augenblicklich an die auch optische Allseitspräsenz des militärischen Komplexes denken, wie er die Kernstadt vor und weiter draußen auch nach der Entfestigung in seinen Zwingen hielt, an jene Architektur der Kasernen und Arsenale/Zeughäuser sowie militärischen Verpflegungsbäckereien und k.k. Artilleriedepots, eine Datierungsmöglichkeit für unsere ersten Panoramafotos ergibt sich übrigens aus dem Vorhandensein oder eben Nochnichtvorhandensein so eines militärischen Baus, nämlich der *Kaiser Franz Josephs Caserne* zwischen vorgezogener Dominikaner- und Biberbastei als östlichstem Vorwerk der Stadt, der Festungscharakter dieser InfanterieUnterkunft war deutlich ausgeprägt, und deren südseitige runde Doppeltürme müßten genau hinter den Türmen der **Dominikanerkirche** im Bild erscheinen, was sie nicht tun, und das Auge sucht sofort Anzeichen einer Großbaustelle dort vorm WienflußAreal auszumachen, d.h. wir schreiben also zum Zeitpunkt der Aufnahme noch nicht das Jahr 1854, als mit diesem KasernenNeubau begonnen wurde, dagegen ist auf einem kuriosen Querpanorama vom östlichen Glacis aufgenommen Richtung Stadt dieser Bauplatz bereits zu sehen, interessant daran die Aufstellung von sechs Herren im Gehrock als Vordergrundstaffage im weiten Bogen verteilt, um den unvermeidlichen Zigarreneffekt bei Horizontalpanoramen notdürftig zu kompensieren, diese Aufnahme stammt übrigens von dem Retzer Apotheker Josef Puchberger, das heißt nicht nur Mitglieder der Staatsdruckerei und des Polytechnischen Instituts haben damals dokumentarisch in der Stadt im Umbruch fotografiert wie die frühe Fotografie mit militärischen Interessen und Aufträgen zusammenhängt und wodurch die wissenschaftlich-technischen Entwicklungen vorangetrieben wurden, ja daß auch der Fotograf Paul Pretsch später im Militärgeographischen Institut tätig war, welches wir an der Weltkugel am Dach des Gebäudes noch heute links hinterm Rathaus an der Zweierlinie erkennen, all das kann man detailliert und anschaulich im Katalog zur *Schärfung des Blicks* nachlesen

wäre also unser schraubendes Aufwärtsstreben weiter empor über die Türmerstube hinaus auf den Galerieumgang, wo der Vierkantturm ganz unmerklich in den Achtkantaufsatz übergeht und wo der Wind, wie er durchs offene Maßwerk hereinweht, die obere Turmbesteigung zu einem Outdoor-Erlebnis werden ließe, vorbei an *Schlagglocke* und *Primglöcklein* (beide aus dem 14. Jh., also der Zeit der Grundsteinlegung, von deren hoher Position in diesem Moment zweischlägig irgendeine halbe Stunde signalisiert worden sein könnte), auf extremen Holzleitern hinauf bis zu jenem als *Angstloch* bezeichneten Übertritt von innen auf die Außenseite der Turmspitze (drinnen wäre jetzt wirklich nicht mehr genug Platz zum Weitersteigen), wäre also dieser Aufwärtsdrang nicht durch die beiden Absperrgitter auf so unsanfte Weise gehindert worden, hätte uns wohl niemand auf unserer staunenden Panoramatour durch die Jahrhunderte zu bremsen vermocht, ach ja: könnten wir doch vorbei an **Joachim und Anna**, wie sie sich an der Goldenen Pforte, die da irgendwo am Erdberg steht, begegnen, auf diesem Tafelbild des Albrechtsaltars (Stift Klosterneuburg), jener ältesten Ansicht von Wien aus dem Jahr 1439, sechs Jahre nach Fertigstellung des Turms, von dem aus wir soeben ins Weite schauen, weiß schießt er links neben der Haube von Maria am Gestade empor, ach ja könnten wir uns doch vorbei an diesem biblisch gesegneten Paar über die vorgelagerten Hügel hin zum frisch errichteten Steffl *beamen*, möglichst gleich an die Turmspitze gebraust und an der Kreuzblume festgehalten, um wenn auch nur für einen Moment mit anderen Augen in eine andere Welt hinein zu schauen

uns als realen TurmErklimmern allerdings bleibt jetzt nur eines: nämlich doch direkt in die warme betreute Türmerstube einzutreten und real in aller Ruhe durch die schützenden Fenster in die vier HauptHimmelsrichtungen hinaus- und hinunterzuschauen, das könnte heißen: mit der Ost-Nord-West-Süd-Ost-Drehung von neuem zu beginnen

Valsertal-Bergkapellen

von Nikolaus bis Anna

(1) jetzt, da es ins eigentliche Gebiet hineinginge, dem vorläufigen Ziel unserer Wünsche zu, hätten wir erst einmal halt zu machen, anhalten müssen, um uns des Eintritts zu vergewissern, unser schwirrendes Reisebewußtsein einzufangen, die irrende Seele von draußen nachkommen zu lassen: also stop an der Höhenkote 1064 m bei der Kurve links um den Felsblock herum (*Hundschipfa/Zigüünerfolta*), kurz vor der Sprachgrenze romanisch/deutsch, in einer dieser Ausbuchtungen auf der heutigen Kunststraße am (orographisch) rechtsseitigen Hang, zum Ausweichen bei überbreitem Gegenverkehr, dort wo der Valser Rhein (*Fallerrhii*) schluchtartig ins dunkle Kristallin einschneidet und wo die hundertjährige Großmutter von ihren Angehörigen damals (1812) vom Saumpfad in die Tiefe gestürzt wurde, nach altjapanischem und altgriechischem Brauch, in mehr oder minder einverständlicher ritueller Entledigung des quasi Überfälligen, und wir hätten von einem Baumstumpf aus vorsichtig in die dunkle Tiefe hinuntergespäht, um der zerschellten Greisin trockenen Auges einen Moment lang nachzuweinen (was hätte sie alles zu erzählen gewußt, wenn auch damals wohl nichts davon aufgeschrieben worden wäre), dann würde sich unser Blick weiter hinein ins Tal gehoben haben, von wo schon die

ersten Schneeberge hervorleuchteten, und beim Über-
steigen der Leitschiene wäre uns gerade in dieser ersten Eintrittskurve im grauen Mercedes der Architekt
entgegengekommen, dem das **St-Peters-Tal** und der
Quell-Badeort seinen heutigen Ruf mitverdanken,
herauswinkend und zurückgewunken, wir wären zur
Hangkante an den ersten Bildstock mit der **Niko-
lausstatue** hinaufgestiegen, um uns hiemit gleich die
kapellenreichen Gründe und Hänge weiter drinnen
vorzustellen, jeweils Aussichtspunkte und Übergänge
markierend, zu denen zyklisch hinaufzuwallen wäre
und an denen es wieder jeweils innezuhalten gälte,
bei St. Nikolaus, Peter, Maria Loreto, Rochus, Jakob
und Anna

(2) nicht weit von hier, der ersten Kapelle, führte von
der Straße weg dieser steile Serpentinenpfad nach
links hinauf zu den Hütten *Mariaga*, wo der Orgelpro-
fessor aus der Stadt ein Instrument hat installieren
lassen, auf 1560 m Höhe im Heuboden des Stalls, die
Pfeifen, Windladen, Abstrakten und Bälge sind allerdings auf dem Fahrweg da hinaufgekommen, nicht
mittels Kraxe oder Rückenkorb (*Tschifera*) auf diesem
versteckten Fußpfad, und eine Stromleitung führt
auch an Masten empor, **Joh. Seb. Bach am Berg**:
seine gezirkelte Musik direkt in die Heuernte und in
den Himmel hineingespielt, die Flanken des *Wanna-
spitz* gegenüber, 40 m höher oben im Sattel läge dann
noch ein intaktes landwirtschaftliches Gut, von der
Geländekante sähe man zu einem neuen Holzgebäude
hinüber im Ort *Lumbrein* in der *Val Lumnezia (Lug-*

nez), noch vor *Vrin*, und auf die *Alp Calasa* könne man auch noch hinaufsteigen und dort oben hätte alles (samt Saugblick nach Süden) wieder seine wohlausgerichtete Ordnung

(3) wo das V-Tal durch die *Luchnern* sich weitet und stärkere Seitenbäche in steilen Tobeln diesem Quell-Ast des Rheins ihre Wasser zuliefern (es gibt am Oberlauf eine Vielzahl von Rinnsalen namens Rhein, so als wollte jeder Talschluß eine spezielle Rheinquelle sein eigen nennen), dort stünde ein Bauer vorm Stall an der Straße, schaute hinunter und hinüber zu den anderen Häusern und Ferienwohnungen von *Lunschania*, *Feistenberg* und *Montaschg*, alles Orte und Gehöfte, aus denen die Wallfahrer einst taleinwärts nach *Camp* zum **Gnadenbild von *Máriapócs*** gepilgert sind (die frommen Bedürftigen aus dem weiter talauswärts gelegenen *Tersnaus* finden sich feinsäuberlich aufgereiht auf einem der Prozessionsbilder oben an der Orgelempore beim Einzug in die Kirche wieder, zur Barockzeit), der ernste Bauer vorm Kuhstall warnt kurz angebunden davor, den alten Steig durch das *Mülitobel* nach *Munt* mit seinen Schaf- und Ziegenställen hinaufsteigen zu wollen, der sei zugleich mit der *Bleika* in die Tiefe gerutscht, unten beim Postbusschild gehe der Fahrweg ab, in einer Nische ein paar Meter weiter könne man parken, dann zu Fuß den schmalen Fahrweg nach *Munt*, in die weiten Serpentinen hinaus, auf denen kaum jemand führe, eher wären dort und da kennzeichenlose Autos abgestellt und geländegängige Kleinmopeds an Baum oder

Böschung gelehnt, der Bienenvater hätte vor seinem Gärtchen auf halber Höhe (Felskanzelidyll! lockende Abseitswege!) im Rauch die Rähmchen seiner Bienenstöcke gereinigt, die Kapelle mit ihrem seitlichen Glockenturm und ihrem an der rechten Langwand angewachsenen Altartisch (Hinterglasbilder!) sitzt an der Kante zwischen den Häusern, einer der Wellblechtunnel würde oben in einer Runse der Straße nach *Travisasch* sichtbar, und der christliche Praktikant aus *Aspindza* in Südgeorgien hütete hier unten das Gasthaus (*Monter Jägerstübli*), das georgische Alphabet habe 33 Buchstaben, Abchasien und Adscharien seien autonome Provinzen, das **St.Georgs-Land** mit den mehreren eigenen Namen (*Sakartvelo, Grusia*) werde also immer kleiner und die Svaneten seien wie die Kacheten bewaffnet, er selbst sei auf dem Sprung in die Vereinigten Staaten, und von dem Koreaner, der auch schon hier an seiner Stelle in diesem aussichtsreichen Kanzelort Stalldienst getan habe, würde erst wieder unten im Tal an anderer Stelle gesprochen

(4) aus welchem Grund man denn in die versperrte **St.Anna-Kapelle** mit Sonnenhalbfenster und Glockenjoch 1756 hineinschauen möchte, würde der Schafbauer im Gehöft Nr. 44 auf der anderen Straßenseite fragen, am scharfen Eck in *Bucarischuna* (*Buggelischöö* sagen die Valser, deren Gemeindegebiet hier beginnt), beim Straßenstein 16,0 km, wegen des St.Anna-Bildes im Inneren hätte man sie gern gesehen, und weil sie so exponiert auf einer kleinen Rampe über der Kurve stehe, und schon käme der Postbus

richtung Ilanz aus dem Talinneren um die Kurve gefahren, eine kleine Weile nach Erklingen des Folgetonhorns, die Kapelle halb verdeckend, und er führe auf das Stationsschild zu, das den Einstiegsvorderteil aller Busse und die richtigen Farben als Hintergrund zeigte (rot-gelb), ach so, der Georgier sei jetzt dort oben und nicht der Koreaner, wenn auch beide gleich anstellig, aber der Schaffleischpreis sei im Keller und der Verband mit seiner geänderten Importpolitik daran schuld, der Weg zur Alp *Rischuna* schlecht und der Personenverkehr auf der neuen Materialseilbahn sowieso verboten, im Hintergrund rumorte jemand (die Schwester?) im Haus, und wenn Tage später das Gespräch wieder einmal auf den geflochtenen Rückentragekorb käme, fiele wohl jenes enigmatische Bild ein, als man eben diesen Bauern den Schafmist auf die Wiesen noch in so einem Behältnis (einer *Tschifera*) austragen sah, in alter Manier

(5) da brauchte es aber einen schnellen Blick nach links, um zwischen den Galerien der Felsenstraße diesen hochfahrenden Steinbruchschlitz auszumachen, seit Jahren ob der Gefährlichkeit des Abbaus in Straßennähe stillgelegt, diese domhohe Apsis mit glatten Abbrüchen, ruhendem Baggerarm und Truffer-zurück-zur-Steinzeit-Signet sowie vorspringendem Greisinnen-Kopf hoch oben an der Bruchkante, wie von Bildhauerhand getürmt und geglättet, bald nach dem Übergang über die hohe Brücke (*Hoobrügga*) schon wieder der Eindruck, es würde vornehmlich um Baumaterial gehen: Schotterberge, Fichten-

Bloche, Kräne und Sandschütten schlössen die im Bauhof verloren dastehende barocke Waldkapelle von 1743 ein, mit ihrem Kruzifixus, dessen Haupt 3mal 3-strahlig in Pfeilen der Nimbus entsteigt, dahinter ein Jagdstand mit Drahtseilen, die über den Rhein zur Zielanlage am Hang unter den glatten Felsen gespannt wären (Gamsstich, Rehstich, laufender Hase, Hauptdoppel und Nachdoppel, Gehörschutz tragen), überall dort, wo nur die mindeste Aussicht auf ein bißchen Heu am Steilhang bestanden hätte, da stünde auch schon ein Stadel/Stall, und Peter der Kenntnisreiche wüßte auch zum Wildheu in den exponierten Lagen des *Jegerbärgs* etwas zu sagen, alle Lasten aus nördlicher Richtung seien bis in die 80er-Jahre des 19. Jhs. hier auf dem Saumpfad herein- und hinausgetragen worden, an den nicht immer von hohen Fichten beschatteten Felsblöcken des gespaltenen **Teufelsteins** (*Tüüfelstei*) vorbei, wo ein schlaues Weib den Teufel und seine böse Absicht überlistet habe, indem es seiner steinernen Last ein Kreuz eingezeichnet hat, so daß er sie nicht mehr weitertragen konnte, hinauf bis zum eigentlichen Eingang ins Talbecken, nämlich zur **Nikolauskapelle**, die man im Torbogen zwischen Felsen- und Hangauflager unterschreiten hätte können, d.h. durch den sich oben weitenden Bogen nahe unterm Altar durch, mit den größeren Lasten würde man wohl damals schon und heute sowieso auf der Fahrstraße außen herum gegangen/gefahren sein

(6) kaum wären die kurvigen Lawinengalerien unter den grünen Steilhängen durchfahren, hieße es bereits

die paar Meter rechts hinauf zur Wallfahrtskapelle **Maria Camp** einbiegen, zu den vielen Votivtafeln, deren elaborierteste wohl jenes Fünf-in-Einem-Faltbild darstellte, das je nach Blickwinkel der Betrachterin Hieronymus, Petrus, Antonius von Padua, Laurentius oder die hl. Theresa wiedergäbe, könnte man sie nur von der Wand abnehmen und jeweils in die entsprechende Bildrichtung halten, *ich habe es erfahren und bezeuge es*, gäbe der Hersteller und Stifter des Papierfaltbildes Hieronymus Loretz aus Vals am 1. September 1833 kund, *durch standhaftes Vertrauen auf dieses Gnadenbild* (gemeint ist wohl die Kopie des Pócser bzw. Wiener Madonnen-Bildes mit freundlicherem Jesus am Hauptaltar*) bin ich aus Gefahr des Lebens errettet worden*, und wäre Sonntag nachmittag, würde sogleich eine einheimische Familie die Kapelle betreten, und der kundige Vater würde den Kindern von der 50 kg schweren Prozessionsorgel auf der Empore und vom Schiebekästchen mit den 48 Feldern seitlich erzählen, die fast alle Sonntage des Kirchenjahres beträfen, was beides in der Folge korrigiert werden müßte, doch da wäre auch schon (zwischen den Misthäufen durch und an der Kreuzkapelle sowie Abfüllfabrik vorbei) nach der Abzweigung die Auffahrt zur Therme erreicht und rückschwimmend aus dem Außenbecken das kräftezehrend anregende Hin und Her zwischen Heiß- und Kaltbad (nämlich zwischen 42 und 14 Grad Celsius) angesteuert und der atemberaubende Wechsel genossen

(7) die Glocke der Valser **KirchturmUhr** hätte erst viermal die kleine absteigende Terz (f-d) hören lassen, und nach einer längeren Pause (das Ohr erwartet schon gar keinen Ton mehr) setzte dann doch der tiefere Stundenschlag (b) ein, seltsam knarrend, und sofort ginge es vom bewirtschafteten Parkplatz aus die blockübersäten Triften, Kuhlen, Absätze und Querwege hinauf mit den verstreuten Heuscheunen und Ausfütterungsställen, in denen sich die Schafleiber en bloc rührten, sobald man durch die obere Türhälfte in so ein Gebäude hineinschaute oder gar -spräche, erst im Rückblick aufs Dorf und das an den Quellhang geschmiegte Thermen-Hotel-Areal würde dem Wandermenschen bewußt, wie hoch er/ sie bereits emporgestiegen sei, und der Aufblick auf den Sonnenhang gegenüber ließe genauso die Frage der detailliertesten Flureinteilung aufkommen (die zahmen, die wilden Wiesen, Allmendgassen, Hutweiden, Einfänge), in diesen extrem bewirtschafteten Flanken, wo immer Grasnutzung möglich war, jetzt könnten auf markiertem Steiglein mit einemmal die obersten Hütten (*Inder Riefa*) erreicht sein, der intakte Stall mit beiderseits Kuhständen unten und luftigem Heuraum mit mittigem Falloch im Obergeschoß, die aus gespitzten Stangen und bohrlöchergesteckten krummen Querästen verfertigten aufrechten Heuhalter (*Heinzen*/im Außerfern *Hoanza*/in der Steiermark *Hiefler*) lehnten für den kommenden Sommer in der Scheunenecke, so einer Eckpfeilerscheune, mit bergseitigem Zugang, verschiedentlich dicht durch querliegende gehackte Bloche verschlossen, d.h.

schlitzweise offen, die gesamte einzeilige Stapelwand rechts und links in Schlitzführungen gehalten, die findigen Bauern und Zimmerleute (man wäre geneigt, zu behaupten, sie hätten diese Auflagertechnik unten in der Therme an der architektonischen Blockgestaltung der Quellgrotte abgeschaut) suchten die Höhen der Luftschlitze durch eingeschobene kurze Distanzhalter quer zu bestimmen, ganz einfach: nur auf der Fensterseite taleinwärts sitzen die Bloche sättig und fugenlos aufeinander

(8) *Bord* würde das beidseits des Sturzbachs am Eingang des Peiltals gelegene Gebiet genannt, und *Schäragada* und *Spendgada* hießen die Durchlässe, und *Rongg* heißt ohne schriftliche Fixierung (auf der Karte) die oberste Hangkante, vom Dorf eben noch sichtbar, auf welcher weiß leuchtend der **St.Peters-Bildstock** (das *Ronggchappeli*) erschiene, unterm Maiensäß *Aberschhus* und unter der quer verlaufenden Hochspannungsleitung, hier dürfte man sich den Beginn/das Ende des traditionellen Fernwegs nach Süden über die Pässe vorstellen, von wo die Einwanderer damals in die obersten Weidegebiete eingedrungen seien, nämlich vom Hinterrhein her, weit drinnen hinter den Behausungen unterm *Peiler Heubärg* (*Kartütscha*, *Fulblatta*, *uf der Matta*, *Tschifera*!) könnte noch Ende April die Restzunge einer Grundlawine daliegen, und für den Blick aus dem Fernglas von gegenüber wären in deren Absätzen/Kuhlen die ruhenden Gämsgeißen mit ihren Kitzen zu erkennen, wie sie auf dem Schnee liegend die Läufe wegstreckten oder

entspannt hängen ließen, die Alp *Wallatsch* (von der auch der Küchenchef des Hotels Therme den Alpkäs bezöge und im eigenen Käsekeller weiterpflegte), also diese Alphütten gegenüber unterm Valserhorn wären von der *Selva*-Alp aus im mächtigen Schneegebirg kaum zu erkennen, geschweige denn, man sähe sich in der Lage, von den Osthängen auf den sommerlichen Ziegenstall vom *Suscht* im Talgrund hinunter zu blicken, da fände man sich mit einemmal nach geländetäuschender Abfahrt durchs Zwielicht bei den Tafeln des Wald-Wild-Schongebiets auf der Forststraße talauswärts wieder, und schon wäre die **Waldkapelle** (das *Waldchappeli*) erreicht, bis zu der das Pistengerät von der Abzweigung an der Zerfreilastraße herauf geplättet und gespurt hätte, und aus welcher dem verwunderten Betrachter eine blonde Kronenmadonna mit blondem Knaben und lasziven blonden weiblichen Engeln entgegenblickten, die das graue virtuelle Loreto-Gebäude wolkig über die Klosterstadt des realen Loreto emporhöben, dieses *wahre Bildnus der wunderthätigen Mutter sambt der Heil: Capelle*, die verblichene Vals-Valsertal-Bank davor wäre unbesetzt, *diesen Weg haben während des 2. Weltkriegs 1940-45 internierte polnische Soldaten gebaut*, könnte man an einem Gedenkstein vor der 50-Jahr-Jubiläums-Polenhütte an der Abzweigung lesen, da sähe man sich selbst etwa vom tiefen Graben heraufkommen über den inneren oder den äußeren *Illagrass*-Steg, vielleicht wäre einem dann das Holzkreuz des verunglückten 9-jährigen Knaben am innersten Stall aufgefallen und schon wäre wieder (wie drüben beim Aufstieg jetzt auf der anderen Hang- und Uferseite des Peiler Bachs an der Abzweigung zur *Marchegga* beim Abstieg) der freie Blick aufs steinbedachte Dorf hinunter erreicht

(9) gleich nach der Ankunft und auch dann immer wieder wäre die Gästin/der Gast dem Süden ergeben, dieser saugenden Richtung auf die obersten/letzten Höhenkämme zu, der Besucher will immer und auf alle Fälle auch die Flanken und Schlüsse der innersten Täler in Augenschein nehmen/halbwegs betreten: *Fanella, Lampertsch, Länta, Canal,* als eine der aussichtsreichsten Plattformen hiezu böte sich ein Alpweiler hoch über dem 50er-Jahre-Stausee an: *Frunt,* das könnte bedeuten, von *Valé* hinauf über dem innersten Flußgraben des Rheins und durch den grottengleichen Langtunnel hindurch oder außen herum diese Kraftwerksstraße entlang bis zum vorläufigen Ende an der Zerfreilahütte und die paar Höhenmeter zur elegant geschwungenen Krone der Staumauer hinauf, Jointmeter auf Kote 1863,5 m, gegenüber im Herbst und Frühjahr zwischen den schwarzen Felsabsätzen und hellen Wasserfällen die braunvertrockneten Rasenstücke und extrem steilen Weiden von *Fatt, Fetti, Studamatt* und den Fluren darüber, so steil, daß nicht umsonst die Sage dorthin den kräftigsten und eigensinnigsten **Einsiedler** der Umgebung situiert hat, oben winzig die weiße Kapelle versteckt und weit drüber der Felsblock des *Dachbergs,* an sonnigen Wintertagen würde der Schnee auf der Dammkrone immer wieder schmelzen und das Schmelzwasser

an der südseitigen Mauerwölbung (quasi der Brust zum tief unten mit weißverschneiter Eisdecke verborgenen See) die schönsten verschieden langen spitzzulaufenden Feuchtzungen am bauchig grauen Beton für einige Zeit hinterlassen, unten die ruhige Seefläche mit den zahllosen Spuren winziger Tierläufe im Vordergrund, oben die gleißenden Glattflächen der Hänge und im dramatisch gesteilten Hintergrund der spindelförmige Gipfel: *Zerfreila* das Horn, das begeisterte Auge könnte sich hier in die jetzt noch verborgenen Versprechen des Sommers vergaffen, die niederen Büsche der Preiselbeeren (*griifla*) mit ihren winterharten Blättern, jetzt nicht einmal erblüht, sie würden glänzend- oder stumpf-rote Früchte tragen, der Zwergwacholder imponierte in üppigem Grün, die Besen der Erikastauden (*bruch*) wären schon wieder verblüht, die Schwarzbeeren (*heitaberi*) hingegen noch nicht wirklich gereift, und in dieser Steilstufe könnte es sein, daß Sie die angenehme Schwäche nach dem morgendlichen Thermenbesuch zu spüren bekämen und in Ihrem Gehtempo etwas zurückschalten müßten, doch genauso wäre es denkbar, daß Sie den gesamten langen Weg zu Fuß vom Ort auf der Sonnseite taleinwärts bereits zurückgelegt hätten, hinauf über die Hänge nach *Fleis* mit seiner brunnenbestandenen **Jakobskapelle** samt namensgleich gespendeten Evangelistenfiguren (etwa Jacomo Lîenî aus dem Misox den hl. Jakob) und dem ausgestellten Glockenklöppel (dem *challa*) des letzten leibhaftigen Mesners und weiter von der Liftstation *Gadastatt* den leicht ansteigenden Fuhrweg herein durch die auffälligen flachen Felsblöcke des *Kristallochs* und über die Alpgrenze *Bidanätsch* und das an solchem Ort merkwürdige Sackgassenverkehrsschild hinweg, immer der gleißenden Sonne entgegen

und jetzt wären Sie also von beiden Seiten gleichzeitig, nämlich von der Staumauer und vom Höhenweg her, bei den Gehöften und Ställen von *Frunt* angekommen, jenem Hangabsatz auf knapp 2000 Metern Höhe, der als eine der letzten gewesenen Dauersiedlungen genannt sein würde und wo sich Tradition und drohender Traditionsbruch merkwürdig gegenüberstünden, dazwischen unangefochten drunten die vorgeschobene kleine weiße **Annenkapelle** 1754 auf dem Felssporn über dem Abgrund, und wieder würde uns das Altarbild mit der Muttergestalt, nämlich mit Anna, wie sie die mädchenkleine Maria das Lesen lehrte (während ein sehr wohl erwachsener Josef in Madonnenmanier befremdlich das Knäblein am Arm trüge), darauf hinweisen, was es alles im Buch des Lebens zu lesen galt, gälte und gilt

Votivbild

nach Ernst Ludwig Kirchner

der Sohn käme also nach getaner Arbeit und gelei-
stetem Abschiedsgebet vom Altenfelsen zurück (sei es
vom *Narayama* im japanischen Schneeland oder vom
Gerontovrachos, diesem GreisenStein auf dem delphi-
schen Parnaß, oder vom Rauriser *Edlenkopf* überm
Krumltal in den Hohen Tauern, wo die genuinen oder
ausgewilderten Geier die bleichen Knochen hoch in
die Lüfte gehoben haben/heben werden, um sie dann
loszulassen und unten auf den Felsen zerschellen zu
sehen, damit sie die Reste in der Folge besser ver-
schlingen und sowieso sauer verdauen können), die
Sohnesfigur käme also vom Berg in den Talgrund
zurück, einer überschweren Fracht entledigt, wobei
sich die wohl als gering an Körpergewicht, doch wie
zu erwarten als bleiern an Seelenlast erwiesen haben
würde, auf so einem stundenlangen Aufstieg über
gestufte Pfade hinauf zu jenen ausgesetzten FelsTer-
rassen, die seit Menschengedenken als Absprungplatz
für eine ungewisse **Himmelfahrt** gelten, unter Raub-
vögelhöhlen und Rabenlöchern gelegen, man würde
gern auf jede nähere Veranschaulichung solch kno-
chenübersäter Felsenbänder verzichten, und in einer
gnädigeren Version dieses allgegenwärtigen Brauches
sind die Alten, so sie dazu körperlich noch in der Lage

waren, selbst zu diesen Höhen hinaufgepilgert, um dort auf den knochenübersäten Rampen, Sitzen und Simsen ihren Dämon oder Engel zu erwarten

der anschaulich vorgestellte Rückweg dieses seinerseits wie über Nacht gealterten Sohnes, formatfüllend, mit dem Schimmer der letzten Sonnenstrahlen auf der Nasenspitze, unterwegs zurück zu den kargen Behausungen draußen im Dorf an dieser erahnbaren üppigen Hangschulter oder gar weit hinunter in eine ferne Stadt, dieser Rückweg scheint noch nicht wirklich freudig ausschreitend möglich, heiter unbelastet, eher verkniffen, verhärmt, und die ballastbefreite TrägerGestalt scheint ja jetzt selbst nicht mehr recht tragfähig zu sein, denn in Anbetracht der allseits gestiegenen Lebenserwartung hat sich der bestimmte **Zeitpunkt des einverständigen Heimgangs** heutzutage wohl bereits um gut 20 Jahre nach den 90ern hin verschoben, d.h. die Träger stehen heute annähernd im gleichen Alter wie damals die Getragenen, die jetzigen (legitimierten) Täter sind also gleich alt wie die einstigen (freiwilligen) Opfer, die leere Rückenkraxe erscheint in dieser Ansicht wie zu einer Rutsche aufgeklappt, übergroß den Talgrund verdeckend, der Erleichterte geht einigermaßen geknickt und gestaucht dahin, wenn auch im Sonntagsstaat mit Hut und Stock, in den gedeckten Kleiderfarben der Umgebungslandschaft, respektabel und verwahrlost in einem, befreit wie verbittert nach dieser Untat, die im allgemeinen Verständnis als segenbringend gilt/gegolten hat/gelten kann, in so einer Stammesgesellschaft, etwa in diesem innersten japanischen HinterweltsDorf, wo Shohei Imamura in den 80er-Jahren des 20. Jhs. wohl auf der Nordinsel Hokkaido sein *Narayama Bushi-Ko* gedreht hat, oder in jenem Schluchttal am heiligen MusenBerg mitten in Griechenland, wo der für unsere modernen Ohren grausame antike Brauch mehr verschwiegen denn propagiert wurde, vielleicht auch im hintersten Schweizer Rheintal oder in diesem Bachtobel tief drinnen in den übergrünen Matten des Rauriser Tales im Salzburger Pinzgau, wo sich eine anachronistische Traumphantasie in die Areale eines jetzt abgeschlossenen LämmergeierProjekts versteigen/ verstiegen haben könnte

das ist bekannt: während des Gangs durchs Labyrinth ist es nicht erforderlich, auf die Richtung des WeiterWeges zu achten (es gibt ja nur diese eine Route, hinein zum Mittelpunkt und dann wieder heraus und zurück an die Oberwelt/Außenwelt), man kann sich auf die Abläufe und Bilder im Inneren während der äußeren Fortbewegung konzentrieren, wie auf einem zigmal begangenen Weg, der den Einheimischen unversehens vorwärts und sicher zum Ziel bringt, nachher befragt könnten wir als **SelbstLäufer** nicht mehr angeben, was wir unterwegs im Gelände oder am Wegesrand gesehen haben, so fernwehbesessen im automatischen Ablauf sind wir dahingeschritten und so süchtig nach den jenseitigen Gefilden der in die gemalte Seelenlandschaft gesetzte schuldbeladen erleichterte Wandersmann steigt wie auf einem Holzsteg knapp an die Kamera heran, gleich wird er rechts oder links als düsterer Fleck am Linsenauge vorbeigestakst sein, wie aus einer MarterlTafel hervor, auf so einem scheinbar naiven, hoch oben an den rindenrissigen Stamm genagelten Votivbild, bei dem wohl die einst am unteren Bildrand aufgeschriebene **Legende** bis zur Unkenntlichkeit verwittert oder weggemorscht ist, während oben die abgehobenen schneeigen Bergspitzen wie Engelsflügel kopf- und körperlos die gezackten Landschaftsfalten zum düsteren Himmel hin fortsetzen und selbst befremdlich gleißend hervorstechen, gleich ob es sich um identifizierbare Bergspitzen handelt (man könnte diese vielleicht von Frauenkirch hinter Davos aus über der Zügenschlucht sehen) oder um innere ZackenBilder des jäh Betroffenen während einer MigräneAttacke

schau dort links am Hang (also orographisch rechts an der Talflanke) steht sie ja, die 2-löchrige Kapelle, oder besser gesagt: dieses Eingangsgebäude zum verfallenen Bergwerk, denn für den mögliche Abraum oder gar einen Abtransport des kostbaren Erzes scheint kein Platz vorhanden, keine Hangstufe, nichts an Fördermöglichkeit mehr, die schlotternden BergwerksPferde, die Loren oder Grubenhunte hört man vielleicht noch in Vollmondnächten drinnen in den Kavernen und Gängen gespenstisch am Werk, oder sind es die Arbeitsgeräusche der traurigen Toten, die da drinnen unter Tag in ihrem naßkalten **Purgato-**

rium die allseits vorhandenen Sündenstrafen bis zur Neige abarbeiten, ohne Unterlaß/Ablaß/Erlaß, zum herablassenden Beifall der rächenden Mächte

oder es handelt sich bei diesem Preßhausgiebel um so einen versperrten Katakombeneingang, um so eine sonst nur an Übergängen ins nächste Tal (also auf der Grenze zur Fremde) stehende Seelenkapelle, bis zu welcher der schamanisierende Heiler auf seinem imaginierten Verfolgungslauf während der **Séance** am Krankenbett unter allen Umständen zu gelangen trachtet, um nur ja diese geraubte Seele, bevor sie über die JenseitsSchwelle tritt, noch einzuholen, um sie schnappen, in den Sack stecken und so ins Dorf und ins Haus und in den Körper der krank darniederliegenden Person zurückbringen zu können, da heißt es in WindesEile imaginieren, *dichten* im eigentlichen Sinn, da gilt es mit allen Hindernissen im Kopf und unter den virtuellen Beinen um die gefährlichen Ecken und Runsen bergan zu zischen, denn allein Gesten körperlichen Aufwands sowie trancefördernder Trommelschlag können die Einholung und anschließende Wiederherstellung ermöglichen, aber niemand, auch der Maler so eines Seelenbildes nicht, gleich ob er sich selbst oder eine Ersatzfigur als Wanderer/Rückwanderer ins Bild gesetzt hat, wird vorher sagen können, ob wir unverrichteter Dinge abgeschlagen heimtrotten oder erfolgreich, wenn auch todmüde von so einem gefährlichen Lauf an die Todesgrenze in die bewohnten Gefilde zurückkehren würden/werden

Wolfgang

(Jahrestag seines Todes: 31.10., aus Pfullingen bei Reutlingen gebürtig, als Bischof mit Kirchenmodell oder Beil dargestellt, auch mit Beil, das im Dach des Kirchenmodells steckt, im Mandlkalender richtet der blau Gewandete sein Hackl auf die nachfolgende Sanduhr der Tageslänge von immerhin noch 10 Stunden) mußte als Bischof von Regensburg im Zuge eines Streits zwischen Kaiser Otto II und Herzog Heinrich dem Zänker (in sein BenediktinerKloster am Mondsee?) flüchten, wogegen uns die Legende versichert, es sei entweder der unerträglich anschwellende Menschenzulauf (zu ihm als erfolgreichem Teufelsbanner) oder der schiere Lärm der Donaustadt gewesen, der ihn im Jahr 980 hinter dem Falkenstein habe abtauchen lassen, während seinem Mitbruder Kunz dort das strenge Leben bald zu beschwerlich geworden sei und er unter der Versicherung, Wolfgangi Aufenthalt nicht auszuplaudern, das Weite gesucht habe, auffällig dabei nur, daß der Falkenstein in der Folge für einige Male ein Ort der Auseinandersetzung zwischen Brüdern geblieben ist, Wolfgang starb 997 in Pupping unterwegs im Innviertel (Oberösterreich), man könnte auch vermuten: ohne jemals in der überlieferten Weise am Falkenstein logiert zu haben, seine angebliche Zelle ist unten in der Pfarrkirche barock ummantelt aufgestellt, Grab in St. Emmeran in Regensburg, Verehrungsmittelpunkt wurde und blieb St. Wolfgang am Abersee, wo er wohl auch mit der KirchenErrichtung länger beschäftigt war (siehe die anschaulichen Bilder dazu an den geschlossenen Flügeln des Michael-Pacher-Altars)

die heutigen Kapellen am Falkenstein stammen aus dem 17. Jh., allwo es bis zum Verbot von 1812 eine geschlossene Reihe von Eremiten gab, deren erster (auch aus dem Württembergischen) den Todkranken der Umgebung Trost gespendet hat, sich selbst gegeißelt haben soll und laut Verlassenschaft (von 1672) mehrere Bilder, Heiligenfiguren und Erbauungsbücher sein eigen nannte, einer der Nachfolger (aus Saalfelden) indes verstand es, das Consistorium mit einer Vielzahl von Eingaben um (übrigens erfolglose) Remedien bezüglich seiner Teufelsbesessenheit in Atem zu halten und sich weite Pilgerreisen genehmigen zu lassen, auch 2 Cousins zweiten Grades von **Wolfgang Mozart** (er war ja mütterlicherseits mit St. Gilgen verbunden) haben als Einsiedler dort Almosen empfangen und das Recht des SchmalzSammelns bis ins ferne Golling hin ausgeübt, an Pilger verkauft wurden: selbstgemachte Rosenkränze, sogenannte *Agnus Dei* (das sind etwa Weihebehälter, die man zur Verstärkung mehrmals nachweihen lassen konnte) sowie kleine **WolfgangHackl** gegen Schlaganfälle, Ungewitter und teuflische Nachstellungen, zum StandardInventar der Eremiten scheint übrigens neben einfacher Sommer- und WinterKleidung auch ein Vesperbild (Pietà) und eine Christusstatue an der Geißelsäule gehört zu haben, Tierhaltung vor Ort (nicht einmal bescheidene) war aufgrund der oft tagelangen Abwesenheit der Laienbrüder (auch zu Zwecken der Akquirierung ihrer Lebensgrundlagen) ausgeschlossen

auf hinlänglich steilem ForstwegAnstieg (vorbei an Waschbeton-Metallrelief-Kreuzwegstationen) erreicht man also die (legendenhafte) Wirkungsstätte des hl. Wolfgang am Südufer des Wolfgangsees, zu Fuß unterwegs aus dem verwunschenen Brunnwinkl am NordwestEnde des Sees (wo Karl von Frisch seine Bienensprachenforschungen betrieben hat, Nobelpreis 1973) oder mit dem Wagen ein Stück auf dem Güterweg von der Scharflinger Höhe und von Aich her (NeuKlostergründung, ehemalige Haltestelle der Ischlerbahn) bis hinunter zum Seeufer, also nach etwa einer ¾ Stunde strengen Anstiegs vom Uferparkplatz aus öffnet sich dann das grüne Tälchen zwischen FelsvorsprungWand und SchafbergHauptmassiv, mit seiner an den Felsen des Falkensteins geschmiegten Kirche, durch deren zersplitterndes AufgangsVordach jüngst ein Felsbrocken ins Innere gestürzt ist (Kirche also gesperrt, März 2008), da drinnen, vielleicht aber auch in einer der beiden Halbhöhlen daneben am hohen Fuß der Kalkwand kann man sich das sogenannte **Wolfgangibett** vorstellen, das dem Eremiten als hartes Lager gedient haben soll (und das an der genannten Stelle von der Berührung unzähliger Pilgerhände glattgeschliffen ist), wobei sich unterhalb dieses Platzes bis ins späte 18. Jh. eine Eremitage befunden haben soll, in der die dortigen Waldbrüder das Andenken Wolfgangs hochgehalten und die p.t. Wallfahrer willkommen geheißen haben, weithin berühmt war auch das (heute verwachsene) Echo, zu dessen Erweckung man gewöhnlich rief: HEILIGER WOLFGANG BIST DA? WENNST DA BIST, SCHREIST **JA**, worauf (wenig überraschend) ein deutliches JA zu hören war, drinnen in der **Wasserkapelle** am weiteren Anstieg zur Anhöhe rinnt aus dem linken BodenEck heilkräftiges Wasser hervor und auch gleich wieder ab, das Bild darüber zeigt den felsenschlagenden Heiligen mit seinem Helfer und gibt in einer Inschrift die nötige Erklärung, nach ca. 1 Viertelstunde weiteren Anstiegs hat man den Scheitelpunkt des Wegs von St. Gilgen nach St. Wolfgang hinter dem Falkenstein erreicht (ein unscheinbarer Steig führt, wie von Jägern ›verblendet‹, steil nördlich zu den Schafbergalmen hinauf) und man findet dort direkt an die nordorientierte Felswand gebaut ein weiteres Kapellengebäude vor, wo in 7 Bildern mit gereimten Zweizeiler-Unterschriften die wichtigsten Szenen im Leben Wolfgangs dargestellt und beschrieben sind:

1 Frommvertrauende kommen hier nie unerhört
  Des hl. Wolfgang Fürbitte Gott gern gewährt
2 Den hl. Wolfgang zu vernichten schüttelt der Teufel
  die Felswände
  Doch bethend verwehrt er den Sturz durch seine
  Hände
3 Seht wie die Frommen bitten, und wegen großem
  Ruf der Heiligkeit
  Kaiser Otto der II anno 972 an St. Wolfgang das
  Bisthum Regensburg verleiht

4 St. Wolfgang flieht Regensburg das Stadtgetümmel
   Und sucht in strenger Einsamkeit den Himmel
5 In Wassernoth stoßt St. Wolfgang an diese Felsen-
   stelle
   Seither fließt heilend da die Wunderquelle
6 St. Wolfgang entläßt hier segnend seinen Gefährten
   Trägt ganz allein der Einsamkeit Beschwerden
7 In Heiligkeit schläft St. Wolfgang auf hartem Stein
   ruhiger als Sünder im Bette ein

an der Felswand unter diesen Darstellungen (deren
untere Reihe, ohnedies schon vollgekritzelt, hinter
einer Glasscheibe geschützt ist) sieht man mittig
eine halbkugelige Vertiefung und rechts und links
davon zwei flachere kaum spürbare Dellen, die auf
Wolfgang zurückgeführt werden: als der Teufel, dem
das fromme Leben des Einsiedlers zuwider war, die
Felsen zusammen zu schieben versuchte, um ihn zu
zerquetschen, soll sich Wolfgang mit ausgestreckten
Armen gegen den **fallenden Berg** gestemmt haben,
so daß sein Körper die Form eines Kreuzes gebildet
hat, dabei hinterließen Kopf und Hände diese Abdrücke im vorübergehend weich gewordenen Gestein,
später baute man über diesen hochverehrten Spuren
eben jene Kapelle, und die Pilger stellen sich jetzt
in der gleichen Position wie einst Wolfgang hin und
hoffen auf Heilung von Kopfschmerzen, wenn sie ihr
Haupt in die **WolfgangVertiefung** legen (Frage nur:
in fronte, wie es gut auszuführen ist, für Kinder liegen
sogar Trittsteine bereit, oder *a tergo*, wie es das Wolf-
gangbild zeigt)

auf der anderen Seite des Passes, jetzt schon mit Blick auf den (vom Zinkenbachschuttkegel her ziemlich eingeengten) See mit seinen Fährbooten und zu den (frisch verschneiten) Bergen dahinter sowie hinunter in die Hochzeiterlandschaft von St. Wolfgang (wo auch die SchriftstellerInnen Leo Perutz, Alexander Lernet-Holenia, Hilde Spiel und Hans Flesch-Brunningen ihr Sommerdomizil hatten) ist man zu jener Stelle gekommen, von der aus Wolfgang das Hackl geworfen haben soll, wozu folgende Erklärung angeboten wird: um den ständigen Bedrängnissen durch den Satan auf dem düsteren Falkenstein zu entgehen, schleuderte Wolfgang sein Beil weitab ins Tal mit dem Gelübde, dort wo er es wiederfinden würde, eine Kirche zu bauen, und da selbiges an der Stelle des heutigen Ortes St. Wolfgang geschehen sein soll, fragt man sich, wie der Recke sein Beil dermaßen weit habe schleudern können: für den Abstieg dorthin braucht man nämlich etwa 1 Stunde, und mit den Resten dieses gotischen Bildstocks in der oben an der Abwurfstelle aufgerichteten Holzkapelle hat es diese Bewandtnis: wird der oberste Stein von Gläubigen dreimal um die eigene Achse gedreht, wozu schon einige Anstrengung erforderlich ist (zumal beim In-BewegungSetzen des gesamten Aufbaus), dann sollte ein (zumal wohlbedachter) **Wunsch in Erfüllung** gehen, das Panoramabild des hacklwerfenden Eremiten dahinter ist mit folgenden holpernden Versen (samt Enjambement) beschrieben:

Gelobt sei Gott von dieser Felsenzacke
So sprach St. Wolfgang wirf ich meine Hacke
Und wo ich wieder diese werde schauen
Will ich eigenhändig eine Kirche bauen
Er fand sie dort am See's Strande
Wo seither nah und auch von fernem Lande
Die Pilger ziehen auf dessen Fürbitt trauen
Und selbst mitwirkend einst auch Gott anschauen

die erste urkundliche Erwähnung der Wolfgang-Wall-
fahrt nach St. Wolfgang stammt aus dem Jahr 1305
(ihre Beliebtheit lag im Mittelalter gleich hinter Rom,
Aachen und Einsiedeln an vierter Stelle), die Rückkehr
zum Gasthaus Fürberg (samt FährbootsAnlegestelle)
kann auf derselben Route (Rückweg wie Hinweg) oder
lohnender und beschwerlicher im Bogen und mäan-
drierend über den aussichtsreichen Felsenpfad hoch
überm See mit neuem Muttergedenkkreuz (aus dem
Jahr 2000) und mit Scheffelblick (aus dem 19. Jh.)
gen Westen in die sanfte Melancholie des sinkenden
Nachmittags- oder Abendlichts hinein erfolgen

Weinstock/Reben

Urban, Othmar etc.

12 Anmerkungen zum Wein bei den Hebräern, Ägyptern, Griechen und im Christentum ... sowie eine Weinlitanei aus dem rückläufigen Wörterbuch nebst einem Ziegenanhang

(1) nach jüdischer Vorstellung war der **Baum der Erkenntnis** kein Apfelbaum, sondern ein Weinstock: es wird erzählt, die Sintflut sei zerstörerisch sogar in den Garten Eden eingedrungen und habe dort auch den Baum der Erkenntnis zuerst unterspült und dann mit ihren Wassermassen hinweggeschwemmt, Noah, dessen Name ›Trost‹ bedeutet und der den Weinstock nach der Flut auffindet, pflanzt ihn wieder ein, erntet die Trauben, keltert und vinifiziert, trinkt kräftig, weiß aber die Wirkung des Weins nicht richtig einzuschätzen und fällt in Tiefschlaf, während sich seine Leibesmitte unordentlich entblößt (er wird also vor seinen drei Söhnen, von denen das ganze weitere Menschengeschlecht abstammt, *zu Schanden*, wie es heißt, Noah gibt sich also im wahrsten Sinne des Wortes eine Blöße, diese *Schande Noahs* geht in die Tradition ein), wobei sein jüngster Sohn Ham sich wohl hämisch über ihn geäußert haben dürfte (und zur Strafe den beiden anderen als Knecht dienen mußte und verflucht wurde), während Sem und Japhet (das

150

Gesicht abgewandt) des Vaters Blöße fürsorglich bedeckt haben sollen

(2) wie also das erste Paar (nämlich Adam und Eva) in Schande gefallen war, da es von einer verbotenen Frucht gegessen und dann erst seine Blöße bemerkt und schnellstmöglich bedeckt hatte, so hat auch das zweite (neue) Menschengeschlecht nach der Sintflut schändlich gehandelt, d.h. seine Laufbahn mit Schande begonnen, auch hier wieder als Folge eines besonderen Fruchtgenusses, richtiger: **Fruchtproduktgenuss**es

(3) Frage: wo hat Noah vorher diesen speziellen Baum (den Weinstock der Erkenntnis) denn eingepflanzt gehabt: nicht irgendwo, sondern nach einer apokryphen Legende just an jenem Punkt der Erde, wo die **Mitte des verlorenen Paradieses** gelegen war, und zugleich an diesem mystischen Ort, wo Gott Adam aus Erde geformt hatte, auch dort, wo Adam dann mit Eva die Ursünde beging (*durch Adams Fall ist ganz verderbt / menschlich Natur und Wesen / dasselb Gift ist auf uns geerbt / dass wir nicht konnten gnesen / ohn Gottes Trost, der uns erlöst / hat von dem großen Schaden / darein die Schlang Evan bezwang / Gotts Zorn auf sich zu laden*, wie der altprotestantische Choral den Gedanken an die Erbsünde umspielt und umsingt, in seiner ersten Strophe, siehe auch den Bachschen Choral im Orgelbüchlein mit seinen Septimenabwärtssprüngen im Pedal: **Adams Fall**), schließlich ist diese paradiesische Erkenntnisstelle

auch noch der gleiche Ort, an dem Adam begraben liegt, hier hatte ein Engel dem toten Urvater dann einen Kern von der Frucht des ehedem verbotenen Baumes in den Mund gelegt (also wohl einen Traubenkern), und bekanntlich wurde über der Höhle, die Adams Schädel barg, 33 Jahre nach unserer Zeitrechnung dann Christi Kreuz errichtet, nämlich auf der Schädelstätte Golgatha (man sieht so einen, nämlich Adams Schädel ja auf vielen Kreuzigungsdarstellungen am Fuß des Kreuzes hervorschauen), das Kreuz kann also nach diesem Vorgang als neues Weinstockholz an der Stelle des alten paradiesischen und zwischenzeitlichen postsintflutlichen aufgefaßt werden

(4) aus der Abram-Tradition ist das Entgegenkommen Melchisedechs (als König von Salem, dem gegenüber Abram Sarah dann als seine Schwester ausgeben wird) mit den Gaben Brot und Wein als Vorverweis auf die Eucharistie bekannt, daß aber in der Folge die Töchter des Abram-Cousins Lot ihren Vater zum Zwecke der (notgedrunden inzestuösen) Fortpflanzung 2mal mit Wein trunken gemacht haben (eine bei späteren Malern beliebte voyeuristische Szene, quasi ein sodomitischer Nachschlag), das steht auf einem anderen Blatt, spielt aber zirka zur selben Zeit, *es ist sonst kein Mann da, mit dem wir Verkehr und Kinder haben könnten, wie es in der Welt Brauch ist,* sagen **Lots Töchter**, die aus diesem doppelten Einmal-Connubium entspringenden Söhne Moab (sein Name bedeutet: mein Vater) und Ben-Ammi (sein Name bedeutet: Sohn meines nächsten Verwandten) werden

Stammväter der Moabiter und Ammoniter, der erbittertsten Feinde Israels

(5) als ein weiteres Bild der biblischen Weinmetaphorik sehen wir diese von 2 Männern auf einer Stange hereingetragene **Riesenweintraube**: es sind 2 der von Moses ins verheißene Land Kanaan ausgesandten Kundschafter, die mit der kaum zu transportierenden Großtraube vom Ort Eschkol zurückkommen (im Poussinschen Herbstbild können sich diese zwei während des Tragens dennoch ganz unangestrengt unterhalten), allerdings kann deren Anblick die Israeliten nicht wirklich beruhigen, denn die Auswanderer sehnen sich mehr nach Ägypten und den dortigen Fleischtöpfen zurück denn ins fruchtbare Weinland voraus, ja sie werfen sogar Steine nach den ungeliebten Boten unter der Stange, in den späteren Interpretationen wird die Riesentraube am Tragestab dann als Vorverweis auf den am Kreuz hängenden Christus gedeutet

(6) in den illuminierten Codices (Heiden lesen bekanntlich in Volumina, der Christ dagegen liest im Codex), aber auch in volksfrommen Darstellungen taucht das Bild der **mystischen Kelter** auf: da preßt der kreuztragende Christus selbst den Wein (die Trauben werden von Klerikern und Laien herbeigeschafft) und läßt gleichzeitig (in der sogenannten Gregorsmesse) sein Blut aus der Seitenwunde in weitem Strahl zielgenau in einen Kelch (des Heils) hinein schießen, der vom Zelebranten hingehalten wird, ein beliebtes

Motiv etwa im Weinland Südtirol, in dem auch die Sorte Kerner wächst, ein Weißer aus Rheinland-Pfalz (benannt nach dem Dichter und Arzt Justinus Kerner, siehe Hölderlin), eine Rebe übrigens, die in Österreich offiziell nicht existiert, wohl aber kennt man auch hier die christlichen Patrone für den Weinbau, **Urban** (am 25.5., da um diese Zeit die Vorarbeiten im Weinberg beendet sind) und **Othmar** von St. Gallen (16.11., als Abt mit Weintrauben oder Fäßchen, da dieses nie leer wurde, wie vielen Pilgern und Wallfahrern er auch daraus zu trinken gab)

(7) anläßlich des Weinwunders bei der **Hochzeit zu Kana** erinnert man sich an das befremdliche Jesuswort: *Weib, was hab ich mit dir zu schaffen*, das in der Einheitsübersetzung mit *Frau, was willst du von mir*, übersetzt wurde (Joh 2, 1-11), wörtlich: *was (ist) dir und mir, Frau,* im vollständigen Text-Zitat: *Drei Tage später fand eine Hochzeit in Kana in Galiläa statt. Die Mutter Jesu war dabei, aber auch Jesus und seine Jünger waren zu dieser Hochzeit geladen. Als es an Wein fehlte, sagte die Mutter Jesu zu ihm:* »*Sie haben keinen Wein mehr*«. *Jesus gibt ihr zur Antwort:* »*Frau, was willst du von mir? Für mich ist der rechte Augenblick noch nicht da.*« *Da sagte seine Mutter zu den Dienern:* »*Tut, was er euch sagt!*« *Nun standen dort sechs steinerne Krüge, die nach jüdischer Sitte zur Reinigung dienten, jeder fasste etwa 40 Liter. Jesus befahl den Dienern:* »*Füllt die Krüge mit Wasser!*« *Sie füllten sie bis zum Rand. Dann sagte er zu ihnen:* »*Schöpft jetzt daraus und bringt es dem Tafelmeister!*« *Und sie*

brachten es ihm hin. Der kostete das in Wein verwandelte Wasser, ohne zu wissen, woher es kam; die Diener aber wussten es, da sie das Wasser geschöpft hatten. Da rief der Tafelmeister den Bräutigam und sagte zu ihm: »*Jeder setzt zuerst* (gewöhnlich) *den guten Wein vor und dann, wenn die Gäste berauscht sind, den schlechteren; du aber hast den guten Wein* (nämlich den in den 6 steinernen Krügen) *bis zuletzt behalten.*« *Das war das erste Zeichen Jesu. Er tat es zu Kana in Galiläa* (nur 14 km von Nazareth entfernt und wahrscheinlich bei Verwandten der Familie) *und offenbarte seine Herrlichkeit, und seine Jünger glaubten an ihn*

8) in der Regel des **hl. Benedikt** heißt es im Kapitel ›Die guten Werke‹ als generelle Empfehlung: man solle *kein Trinker und kein großer Esser sein* (4, 35) und weiter (in Kap. 40: Das Maß des Getränkes): ... *zwar lesen wir, der Wein sei überhaupt nichts für Mönche, denn der Wein bringe sogar die Weisen zum Abfall ... indessen glauben wir mit Rücksicht auf die Unzulänglichkeit der Schwachen, daß eine Hemina Wein* (etwa $1/4$ Liter) *für jeden täglich reichen sollte ... wer sich mit Verspätungen bei Tisch nicht bessert, muß allein essen und bekommt keinen Wein, bis er Genugtuung geleistet und sich gebessert hat ... der Bruder, der den Wochendienst des Lesers bei Tisch versieht, bekommt vor Beginn des Lesens etwas Mischwein, wegen der hl. Kommunion, und damit ihm das Fasten* (also das Nichtessen, während die anderen essen) *nicht zu beschwerlich ist* (38, 10), wieviel unter einer Hemina Wein wirklich zu verstehen ist, darüber geht eine De-

batte zwischen den sogen. Großheministen und den Kleinheministen

(9) die Mystikerin **Mechtild von Magdeburg** spricht vom Eintreten in die Weinzelle, das meint: die Braut wird trunken beim Anblick des edlen Antlitzes Jesu, **Teresa von Ávila** meditiert in ihrem Traktat *Von der Liebe Gottes* über den Satz aus dem Hohen Lied: *er hat mich in den Weinkeller geführt und in mir die Liebe geordnet*, **Hildegard von Bingen** empfiehlt diverse Wurzeln und Substanzen in Wein gesotten als himmlisch-irdische Medizin, **Aurelia Jurtschitsch** (die Schwester der drei famosen Brüder aus Langenlois) plädiert für einen Galgantwein nach dem Rezept der hl. Hildegard, als Traubenmadonna reicht Maria bei Martin Schongauer (in der Hl. Familie) Jesus die Trauben, eben diese Traube, nach der schon der kleine Jesus greift, soll auf das Abendmahl vorausweisen, eine besonders schöne plastische Darstellung so einer Madonna mit Traubenepitheton von Michael Pacher findet sich in Salzburg im gotischen Hochchor der Franziskanerkirche, Friederike Mayröcker hat ihr ein Gedicht gewidmet.

(10) nach den ägyptischen Göttererzählungen wurde **Isis** durch den Genuß von Trauben schwanger und brachte Horus zur Welt, als lebenserhaltendes Getränk reicht der ägyptische Keltergott SCHESMU den Toten eine Schale Wein, aus der symbolischen Gleichsetzung des Rotweins mit dem Blut ergibt sich dann die Bedeutung für den Totenkult

(11) ein anderer Christus, oder Christusvorläufer, nämlich der griechische Gott **Dionysos** (römisch: Bacchus) bringt den Wein nach Attika und enthüllt dem Winzer Ikarios aus dem (gleichnamigen) Dorf Ikarion am Nordhang des Marmorberges Pentelikon (wo es nach Brandstiftung zur Baulandgewinnung nahezu jeden Sommer brennt) die Kunst des Weinmachens, kurz bevor er die von Theseus zurückgelassene Ariadne auf Naxos heimgesucht und errettet hat, die Griechen verehrten ihn als den Er-Löser (Beiname: Lysios), da er die Menschen von ihren Sorgen zu befreien imstande war, als Liebhaber warnt Dionysos seinen jungen Geliebten Ampelos umsonst vor den Stierhörnern, der tödlich Getroffene wird dann vom göttlichen Verehrer in den Weinstock verwandelt und lebt im Rausch der Trunkenen unsterblich fort, zu Zeiten des ersten griechischen Winzers ist der ungemischte Wein vor allem ein starkes Gift, von Anfang an zeigt sich auch im griechischen Mythos der Wein als ans Menschenopfer und ans Opferblut gebunden, bereits bei der Ankunft des Dionysos in Ikarion kam es zu einem tragischen Zwischenfall: als Ikarios (der potentielle Weinbauer) das Geschenk des Weines aus den vollen Schläuchen an die Hirten verteilt hatte und sich diese betranken, glaubten sie sich vergiftet, erschlugen den Überbringer und vergruben ihn draußen vorm Dorf, Ikarios' Tochter Erigone suchte dann den Vater lange mit einer Hündin und fand ihn unter dem Weinstock liegen, der aus dem Leichnam mittlerweile hervorgewachsen war, Erigone erhängte sich am nächsten Baum, der Hund sprang in einen nahen

Brunnen (alle drei wurden in den gestirnten Himmel aufgenommen, darum gibt es auch das Sternbild des Hundes und die Hundstage, vom 23. Juli bis zum 23. August), im Ritus nahm später ein Tier die Stelle des zu opfernden Gottes oder Menschen ein, im Dorf Ikarion war es der Bock, dieses Bockopfer und der dazugehörige Bocksgesang bildet (nach Kerényi Karl) die Initialzündung zur Entstehung der griechischen *tragodía* (Tragödie)

(12) bisweilen rinnt unvermutet **Wein aus einer Quelle**, manchmal auch aus dem städtischen Auslaufbrunnen, trägt man ihn aber von seinem Ursprung fort, wird dieser Wunderwein wieder zu Wasser, wir haben nicht Gott gedient, wir haben nur einen Rausch gehabt, und wenn wir uns betrinken, werden wir zu Schweinen und verlieren unsere Respektabilität, wir haben im Gegensatz zur Antike keinen Taburahmen mehr (heißt es), innerhalb dessen wir uns betrinken können, als quasi-Dionysos-Jünger, dieser Herr mit dem Horn (der früh mit Christus gleichgesetzt wurde) sei dir ein Vorbild: ob er aus dem Horn trinkt oder die Wörter, nämlich seine inspirierte Rede, durch denselben Schalltrichter umgekehrt in die Welt hinausposaunt, wer mag es erkennen

Salzstein
Grenzstein
Ätzstein
Wetzstein
Putzstein
Kreuzstein

158

Wein
Chinawein
Landwein
Nahewein
Gänsewein
Honigwein
Jungwein

Schwein
Mangalitzaschwein
Waldschwein
Wildschwein
Landschwein
Weideschwein
Bronzeschwein
Fleischschwein
Tischwein
Nabelschwein
Edelschwein
Stachelschwein
Eichelschwein
Bisamschwein
Etappenschwein
Warzenschwein
Meerschwein

Höckerschwein
Wasserschwein
Mutterschwein
Flußschwein
Hausschwein
Mastschwein
Fettschwein

Ausbruchwein
Glühwein
Maiwein
Medizinalwein
Apfelwein (hessisch: *Äpplwoi*)
Moselwein

Dattelwein

Abendmahlwein

Palmwein

Schaumwein

Traubenwein

Zapfenwein (aus korkkranken Flaschen)

Flaschenwein (auch mit Drehverschluß oder Glasstöpsel)

Bowlenwein

Rosinenwein

Rheinwein

Pepsinwein

Maltonwein

Firnwein

Ungarwein

Altarwein

Rhabarberwein

Treberwein

Federwein

Burgunderwein

Beerwein

Stachelbeerwein

Johannisbeerwein

Lagerwein

Malvasierwein

Muskatellerwein

Schillerwein

Zyperwein

Kelterwein

Bitterwein

Kräuterwein

Xereswein (besser bekannt als Cherry)

Meßwein

Weißwein

Süßwein

Prädikatswein

Qualitätswein

Hauswein

Wirtshauswein

Eiswein

Muskatwein

Kabinettwein
Fluchtwein (auch als **Fluchtachterl** üblich)
Fruchtwein
Branntwein
Trinkbranntwein
Traubenbranntwein
Kornbranntwein
Wacholderbranntwein
Kräuterbranntwein
Reisbranntwein
Anisbranntwein
Franzbranntwein
Rotwein
Dessertwein
Portwein
Importwein
Obstwein
Kunstwein
Verschnittwein (eleganter als Cuvée bezeichnet)
Vermutwein
Bordeauwein
Herzwein
Gewürzwein

(danach kommt aber im rückläufigen Alfabet schon die:)
Gräfin
(die) Äffin
(und das) Paraffin
(die) Elfin
Gehilfin
Bürogehilfin
Hausgehilfin
Wölfin (und der)
Gin (der uns jetzt weit vom Wein hinweggeführt hat)

und da die fürwitzige Ziege auch in diesem Zusammenhang nicht fehlen darf, sei zum Schluß noch auf
den in Weinbaugebieten üblichen Brauch der **Wein-**

berggeiß hingewiesen: zur Zeit der Weinlese wird ein Holzgestell samt Ziegenkopf über und über mit Trauben behängt und mit Bändern, Rauschgold und Blumen geschmückt
und diese Weinberggeiß
steht dann für eine Capride
ungewöhnlich still
da

Dank an

Mario und Katharina Bräuer, Michael Braunsteiner und Barbara, Anton Bruhin, Renald und Margarethe Deppe, Inge und Rolf Dick, Maximilian und Heidi Droschl, Oswald Egger und Katharina Hinsberg, Elke Erb, Ingrid und Olga Flor, Brigitte Flucher, Barbara Fränzen, Wolfgang und Herta Frisch, Silke Geppert, Susanna Goldberg, Rainer Götz, Peter Gruber, Franz Hamminger, Volker Hänsel und Henriette Fenz, Klaus Fischedick, Sigrid Hauser, Antonie Hell†, Fritz und Gudrun Hieger, Peter Hödlmoser und Veronika Hitzl, Anton Holzer, Traudl Holzer und Ernst Kovacic, Aurelia Jurtschitsch, Theresia und Heinz Kaiser-Gruber, Angelika Kaufmann, Annette Knoch, Wolfgang Kos, Hannes Krisper, Wolfgang und Peter Kubelka, Wolfgang Kühn, Sigrid Landl (Möslehner), P. Gregor Lechner OSB, Martin Leitner und Eva Roither, Elisabeth Limbeck-Lilienau, Christian Lunzer und Konstanze Zinsler, Jutta Mattern, Mathilde Maier, Josef Mayr, Friederike Mayröcker, Thomas Meinecke, Konrad Messner, Michel Mettler, Fritz Mosshammer, Gunther Naynar, Kurt Neumann, Andrea Niessner, Birgit Pölzl, Reinhold Posch und Therese Sebung, Johannes Rauchenberger, Werner Reiss, Bernhard Riedl und Sandra Racko, Peter Rosei, Kurt Ryslavy, Elisabeth von Samsonow, Gerhard Sappert, Konrad Balder Schäuffelen, Meina Schellander, Wolfgang Schlag, Herbert J. Schmatzberger, Peter Schmid und Brigitta Schwarz, Othmar Schmiderer und Marion Zorn, P. Winfried Schwab OSB, Waltraud Seidlhofer und Gregor Lepka, Gabriele Sorgo, Lisa Spalt und Clemens Gadenstätter, Philipp Stastny, Christian Steinbacher, Brita und Wolf Steinwendtner, Michael Stiller, Kurt Straznicky, Carmen Tartarotti, Johann Tomaschek, Sylvia Treudl, Norbert Trummer, Hilde Unterberger und Thomas Hein, Linde Waber und Gunter Breckner, Elsbeth Wallnöfer, Peter Weber, Norbert Wehr, Nives Widauer, Siegmund Wieser vlg. Schrangl†, Susanne Winkler, Beat Wismer, Christiane Zintzen, Annalisa und Peter Zumthor

das Motiv für das Umschlagbild aus dem PiktogrammProjekt von Hil de Gard zur Verfügung gestellt

Inhalt

© Literaturverlag Droschl Graz – Wien 2008
2., korrigierte und erweiterte Auflage 2010

Layout und Satz: AD
Herstellung: Finidr s.r.o.

ISBN: 978-3-85420-746-7

Literaturverlag Droschl A-8043 Graz Stenggstraße 33
www.droschl.com